使える「シート」で競争優位に立つ

事業性評価の推進マニュアル

日本生産性本部 主席経営コンサルタント
公認会計士
鍵谷英二 著

中央経済社

はじめに

　2011年に拙著『業績に直結する経営改善の進め方』を刊行し，財務と事業の一体的な思考などについて解説して好評を得ました。
　その後，2014年ころから事業性評価への取組みが本格化してきて，この一体的な思考が金融機関の皆さんにとって一層強く求められることになったと感じています。事業性評価に関する研修，講演なども多く実施してきましたが，各金融機関の事業性評価の推進には，まだ迷いや様子見の部分もあるようです。「これまでの信用格付けのようにどうにかして一律の基準で数値化ができないか，それによる効率化ができないか」との声もお聞きします。そのようなお話をお伺いすると，このままでは効率化が優先されてしまい，事業性評価の本質的な意味，目的が軽視されてしまうのではないか，と危惧する気持ちが強くなってきました。
　事業経営の生産性は「提供サービスの付加価値÷業務量」という式で表せます。その向上においては，分母の業務自体の効率化，削減も重要ですが，より長期的な成長のためには，分子の提供サービスの付加価値のアップがとても重要なファクターです。現在，金融機関では，フィンテックやデジタル技術の駆使による業務，サービスのあり方の変革と効率化が進められています。特に地方銀行の経営においては，その効率化の果実を，事業基盤である地域経済の活性化につながる事業性評価へ向けていくことが付加価値のアップとなり，長期的な金融機関経営の成長のために不可欠であると思います。どのような業種であっても，効率化の果実は，付加価値業務の充実に振り向けてこそ，長期的な成長につながり，経営的な意味が大きいものとなるといえます。
　顧客第一，顧客満足，顧客主体の経営の結果として自社の利益があります。「売上はお客様から選ばれた点数であり，利益はお客様から必要とされた点数である」との言葉もあります。自社の目標数値は「結果として」得られる成果

であるとの姿勢がとても大切です。自社の数値目標は大切ですが，これが優先されると顧客との関係に「歪み」が生じます。中小企業の経営者や幹部では，かなりこの考え方が浸透してきていますが，金融機関の法人営業の現場では，どうしても目標数値優先のプロダクトアウト型の考え方が根強く，結果として金利競争が繰り広げられてきました。金融機関は，これまではそれでもやって来られたかもしれません。しかし，今後は，本当の意味で顧客主体の考え方への転換が不可欠となっています。それが，事業性評価の本当の意義であると考えています。

　筆者は社会人のスタートが銀行勤務でした。今後の日本経済の成長のためには，金融機関の企業支援の力が本当に重要であると考えています。
　現在の仕事のメインは，金融機関の方からご紹介をいただきながら中小企業のコンサルティングを行うことです。そのかたわら，メガバンク，地方銀行，政府系金融機関などの金融機関の方に，財務分析の研修や事業の見方，目利きに関する研修を約15年実施してきています。
　特に事業性評価に関する研修は，筆者自身に，中小企業の経営力アップ支援に対する金融機関への期待があり，強い想いを持って積極的に実施してきました。また，研修で教える機会をいただけたことで，その時々で自分の経営に関する考えを整理して体系化することができました。
　コンサルティングや研修などでお付き合いいただく金融機関の方々は皆，優秀で，まじめな方ばかりです。その日本の金融機関の方の力を信じ，さらなる活躍を本当に期待しています。本書が皆さんに読まれ，そのご活躍の一助となれば筆者にとって望外の喜びです。
　各金融機関の事業性評価シートも経営と同じで，常に実践の中でブラッシュアップすることが必要かと思います。本書で紹介しているシートの事業性を考えるストーリー展開は，かなり参考になり，使えるはずです。本書で参考になる部分を，ぜひシートに取り入れていただくなど今後のバージョンアップの参考にしていただければと思います。本書でご提案している事業性評価シートの

ファイルはダウンロードができます（次頁参照）。また，本書でご提案したシートが，わかりやすく，使える事業性評価シートになっているのか，こうしたらもっと使えるシートになるなどのご意見，ご要望などありましたらご連絡いただけると大変うれしく思います。

　本書では，イタリアンチェーンのサイゼリヤを主要な事例企業として取り上げています。当社は，創業当時から高い経営理念と仮説と検証を繰り返す科学的経営で業績は好調を続け，事業は拡大しています。当社が顧客から選ばれる理由である強みとそれを生み出す独自の経営資源も明確で，ひたすらそれを磨き続けています。そのような経営スタイルは，経営を考えるうえで，参考とすべきベストプラクティスの1つとなると思い，事例企業とさせていただきました。また個人的にも，30年以上前，当社がまだ数店舗の頃に，千葉の稲毛の店舗に大学の仲間とよく食べに行っていたという思い入れのある会社でもあります。

　また，中小企業のコンサルティング現場で感じたことを「経営のあれこれコラム」に記載しました。こんな話を読みましたなど，社長とのコミュニケーションのネタとしても使ってください。

　本書の出版に際しては，丁寧に筆者の話を聞いていただいた中央経済社の坂部秀治取締役編集長，これまで筆者に経営に関するさまざまなことを教えていただいた多くのクライアントの経営者の方々，コンサルタントの先輩，同僚の皆さん，いつも筆者を支えてくれる妻と3人の子供たちに，心からの感謝を申し上げます。

2018年9月

鍵谷　英二

［ダウンロードの方法］
　本書に掲載した「事業性評価シート」等のひな型をダウンロードすることができます。
　「ビジネス専門書Online」（https://www.biz-book.jp/）のサイトから，本書『事業性評価の推進マニュアル』を検索し，編集者からのコメント欄をご覧ください。

```
        https://www.biz-book.jp/
                   ↓
            本書を検索する
                   ↓
       編集者からのコメント欄を見る
                   ↓
        記載のURLをクリックする
```

［ダウンロードできる書式］
1　事業性評価シート（Excel）
2　事業性評価シートに基づくプレゼン資料（PowerPoint）

CONTENTS

第Ⅰ章　事業性評価のための視点変革 —— 1

1. 事業性評価とは？　その目的とは？……………………… 2
   (1) 事業性評価の意義　2
   (2) 効果的，効率的な事業性評価のポイント　3
2. そもそも「事業性」とは何か？……………………………… 5
3. 実際の法人営業担当者によく見られた傾向と改善策の方向性 ……………………………………………… 6
   (1) 実際の法人営業担当者によく見られた傾向　6
   (2) 改善策の方向性①：「債権者目線から経営者（顧客）目線へメガネをかけ替える」　8
       ① 債権者目線では事業性評価はできない　8
       ② 当事者意識が相談相手となるポイント　9
   (3) 改善の方向性②：「事業性評価シートを取引先と一緒に作る」　10
       ① 高い顧客満足を提供するためには，顧客の参画が必要　10
       ② 事業性評価のノウハウは，経営コンサルティングノウハウである　11
4. 事業性評価（理解）のための視点変革ポイント …………… 12
   (1) 信用格付けと事業性評価の視点の違い　12
   (2) 事業性評価で「問題なし」はない　13
5. すべての企業で必ず検討すべき３つの経営課題の視点 ……… 14
   (1) 問題点を改善する課題　15

(2) よい点を維持・伸ばす課題　16
　　(3) 目指す姿を達成する課題　17
6. 経営は,「先を」「高く」「深く」考える……………………………18
7. 分析のポイントは,全体感と論理（ストーリー）性…………19
8. 事業性評価の基本ステップ………………………………………20
　　(1) Step 1：事業内容・目指す姿の把握　21
　　(2) Step 2：財務分析からの実態把握　22
　　(3) Step 3：事業分析からの実態把握　22
　　(4) Step 4：財務分析と事業分析を結び付けての重要経営課題・改善ストーリーの検討　23
　　(5) Step 5：金融機関としてのサポート支援策の検討と提案　23

第Ⅱ章　使える「事業性評価シート」のつくり方— 25

1. 事業性評価シートを実際に考えてみました………………………26
2. 事業性評価シートの全体像………………………………………27
3. Step 1：事業内容,目指す姿の整理………………………………44
　　(1) シートの内容,活用ポイント　44
　　(2) 記入サンプル事例　45
4. Step 2：財務構造の状況の整理…………………………………48
　　(1) シートの内容,活用ポイント　49
　　　① フリーキャッシュフロー＝営業キャッシュフロー－投資キャッシュフロー　50
　　　② 営業キャッシュフロー＝償却前当期利益－運転資金キャッシュフロー　50
　　　③ 投資キャッシュフロー　51
　　　④ 償却前当期利益（簡易キャッシュフロー）　52

⑤ 運転資金キャッシュフロー　53

⑥ その他キャッシュフロー　54

(2) 記入サンプル事例　55

① フリーキャッシュフロー＝営業キャッシュフロー－投資キャッシュフロー　55

② 営業キャッシュフロー＝償却前当期利益－運転資金キャッシュフロー　56

③ 投資キャッシュフロー　57

④ 償却前当期利益（簡易キャッシュフロー）　57

⑤ 運転資金キャッシュフロー　58

5．Step 3：事業構造の状況の整理 60

(1) シートの内容，活用ポイント　61

① 外部環境　62

② 顧　客　62

③ 商　品　62

④ 経営機能　63

⑤ 事業構造を構成する3要素　63

⑥ 人と組織　64

⑦ 事業分析の目的の再確認　64

(2) 記入サンプル事例　66

6．Step 4：「財務の現状」と「事業の現状」からの重要経営課題と改善ストーリーの検討 68

(1) シートの内容，活用ポイント（Step 4の全体像）　69

① Step 4がシートのコア部分　69

② 経営課題とは何か　69

③ Step 4のサブステップ　70

7．Step 4－1：過去～現状の財務状況変化の主要因は？ 71

(1) シートの内容，活用ポイント　　71
　　　　① 財務面がなぜよいか／なぜ悪いかの主要因を明確にする　　71
　　　　② 事業分析から財務構造の見込み，改善イメージを考える　　73
　　　(2) 記入サンプル事例　　74
　　　　① 財務面がなぜよいか／なぜ悪いかの主要因を明確にする　　74
　　　　② 事業分析から財務構造の見込み，改善イメージを考える　　74

8．Step4－2：自社の強み（利益・競争力の源泉）とそれを生み出す独自の経営資源の把握…………………………………………75
　　1 強み（当社の利益の源泉，強みは何か？）　　76
　　　(1) シートの内容，活用ポイント　　76
　　　　① 強みとは，お客様から選ばれる理由である　　76
　　　　② 強みは大きく3つの区分にグルーピングされる　　77
　　　(2) 記入サンプル事例　　78
　　2 独自資源（強みを生み出す経営資源は何か？）　　79
　　　(1) シートの内容，活用ポイント　　79
　　　(2) 記入サンプル事例　　80

9．Step4－3：今後に目指す事業構造の検討……………………………83
　　　(1) シートの内容，活用ポイント　　83
　　　　① 事業構造を構成する3要素をいかに改善するか　　83
　　　　② 各要素ごとの検討項目　　84
　　　(2) 記入サンプル事例　　85

10．Step4－4：今後に成果として目指す財務構造の検討………86
　　　(1) シートの内容，活用ポイント　　86
　　　　① Step4の全体構成ストーリー　　86
　　　　② 事業構造の改善策が財務構造の改善にどう結びつくのか明らかにする　　87

(2) 記入サンプル事例　88
11. Step 5：金融機関としてのサポート策の検討と提案............ 90
　　(1) シートの内容，活用ポイント　90
　　(2) 記入サンプル事例　91
12. 事業性評価シートの分析ストーリーのまとめ......................... 92
13. 事業性評価シートの継続的なアップデートこそが大切......... 93

第Ⅲ章　Step1 理論編
事業内容，目指す姿の把握 ——— 99

1. 理解の土台となる事業内容（ビジネスモデル）をしっかりと把握する... 100
　　(1) ビジネスモデル図　100
　　(2) 必ず押さえる3つの情報　101
　　　① 販売先　101
　　　② 自社事業拠点　102
　　　③ 仕入先　102
　　(3) 効果的なビジネスモデル図の作成方法　103
2. 事業内容を具体的に把握する前は，決算書を見てはいけない！.. 103
3. ビジネスモデルを財務構造と結び付けて理解する................ 104
　　(1) 事業内容を財務的に捉える　104
　　(2) 具体的な事例　106
　　(3) 財務と事業の一体的思考イメージ　107
4. 目指す姿（経営理念・ビジョン）は何か，経営者が重視していることは何かを必ず確認する... 108

(1)　経営理念・ビジョンの重要性　108
　(2)　具体的な事例　109

第Ⅳ章 Step2 理論編
財務分析からの実態把握のポイント ── 111

1. 財務分析は決算書（数値）を分析しているのではない……112
2. 「財務構造の５つのポイント」のどこに経常利益・FCF改善のための重要な問題点，課題があるのか？　優先順位は？
　………………………………………………………………………113
　(1)　収益構造の改善　114
　　①　経常利益＝売上高×限界利益率－固定費　114
　　②　経営とは収益構造の３つを改善することである　116
　　③　変動費は率，固定費は額で捉える　117
　　④　相場変動が激しい業種の場合の改善ポイント　117
　(2)　財務構造の改善　118
　　①　財務構造の５つのポイント　118
　　②　経営とは財務構造の５つを改善することである　120
3. 事業性評価（理解）のための財務分析には４つの「レベル」がある………………………………………………………………121
　(1)　財務分析のレベル１，レベル２　121
　(2)　財務分析のレベル３，レベル４　122
4. 財務分析はブレイクダウンを意識して事業分析につながるように，論理的に実施する……………………………………………123
　(1)　財務分析はブレイクダウンして重要な問題を絞り込む　123
　(2)　財務数値の変化要因の思考ポイント　125
　　①　ビジネスモデル自体の変化の影響の可能性はないか？　126

② 業績自体の変化の影響は？　126
　　③ 業績がよい場合にも必ずブレイクダウンする　126
５．財務分析は事業性評価の土台や軸である……………………………… 127

第Ⅴ章 Step3 理論編
事業分析からの実態把握のポイント ── 133

１．経営とは，「経営環境変化に合わせた事業構造（誰に・何を・どのように）の高収益構造化」である……………………………… 134
　(1) ３つの事業構造の高収益構造化の結果が財務構造（FCF）の高収益構造化につながる　134
　　① 事業構造の３つの要素　134
　　② 経営とは経営環境変化に合わせた事業構造の改善である　134
　(2) 事業を効果的・効率的に分析・思考する「３つの軸」　135
　　① 事業を分析する３つの軸　135
　　② ３つの軸の改善を考える　135

２．「外部環境および内部能力の分析」のための情報収集ポイントは何か？……………………………………………………………… 137
　(1) 外部環境分析・内部能力分析などの事業分析の目的　137
　　① 事業分析の目的　137
　　② フレームワークで情報を効率的に集めて整理する　137
　　③ SWOT分析とは　138
　(2) 外部環境（機会・脅威）分析のための情報収集の７つのポイント　138
　　① PEST分析　138
　　② ５フォース分析　139
　(3) 内部能力分析のための情報収集の３つのポイント　141

① ABC分析による重要顧客，重要商品の強み，弱みの抽出　142
　　　② バリューチェーン分析によるプロセスごとの強み，弱みの抽出
　　　　143
　　（4）SWOT分析による外部環境および内部能力分析の集約　144
　　　① SWOT分析の情報収集のポイント　144
　　　② SWOT情報をグルーピングして再整理する　145
　　　③ SWOT分析による自社の経営戦略の策定　146

第Ⅵ章　Step4 理論編
財務分析と事業分析を結び付けた経営課題・改善の検討 ——— 149

1．財務分析と事業分析の一体的思考による分析ストーリー‥150
2．【自社の強み（利益・競争力の源泉）とそれを支える経営資源の把握】が大切 ……………………………………………… 152
　　（1）自社の強みとは何か？　152
　　　① 強みとは，お客様に選ばれる理由である　152
　　　② 具体例で考えてみる　152
　　　③ 事業性とは磨くべき強みがあること　153
　　　④ 強みを柱に環境変化を取り入れる　154
　　（2）強みは3つにグルーピングできる　155
　　　① 強みの3つのグルーピング　155
　　　② 3つとも重要だが，最も重要なものが戦略の軸となる　156
　　　③ 具体例で考えてみる　157
　　（3）強みを核に事業構造を高収益構造に再構築　158
　　（4）各金融機関における強みの把握の現状　159
3．経営課題への対応＝経営改善の未来設計図を描くこと …… 161
　　（1）経営改善の設計図の全体像　161

(2) 経営改善の未来設計図とは？　162
　　① 経営改善の設計図　162
　　② 事業構造の高収益構造化の中核は「強み」である　163
　　③ 強みを中核とした事業構造の高収益構造化　164
　(3) 顧客構成や商品構成の高収益構造化の進め方　165
　　① 既存の重点顧客，重点商品への注力　165
　　② 自社の強みを活かせる新規顧客の開拓　166
　(4) 自社のあり方（経営機能）の高収益構造化の進め方　166
　(5) 事業構造の高収益構造化のまとめ　169
4．クロスSWOTを活用した重要戦略テーマ設定のコツ 171
　(1) SWOT分析とクロスSWOT分析　171
　(2) クロスSWOTの活用にはコツがある　171
　　① 財務上の課題を明確に意識する。売上高か変動費率か固定費か，運転資金，投資か　172
　　② 重要度の高いSWOT項目をセレクトする。各3〜5個程度　173
　　③ 「強み」の重要なものに優先順位を付けて，重要度の高いものと，機会・脅威を結び付ける　173
　　④ その課題の財務的な効果が財務上の課題の解決に直結しているか検証する　173
　(3) なぜ，「強み」を軸に重要戦略テーマを設定すべきなのか　174
5．財務構造の改善の具体策のポイント 175
　(1) 売上高改善のポイント　176
　　① ターゲット顧客から選ばれる理由（強み）の明確化　176
　　② 集客のしくみづくり　177
　　③ 売上高は分解して考える　178
　　④ セールス力の強化　180
　(2) 限界利益率（変動費率）改善のポイント　180

① 限界利益率改善の4つのポイント　180
　　　② 利益率確保は前段階（川上）から　181
　（3）固定費改善のポイント　183
　（4）運転資金の改善ポイント：在庫削減のポイント　184
　　　① 5Sの強化　185
　　　② 在庫の見える化をする　186
　　　③ 在庫の拠点，スペースを減らす　186
　　　④ 流通倉庫，工場内での工程を統合して，経路を短くする　186
　　　⑤ 生産ロットの小ロット化　187
　　　⑥ 材料の調達リードタイムの短縮化　187
　　　⑦ 受注の頻度を増やす　187
　　　⑧ 在庫管理責任者を明確にする　187
　　　⑨ 在庫情報の全社的な共有化　188
　（5）投資効果改善のポイント：設備生産性をチェック　188

第Ⅶ章　Step5 理論編
金融機関としての課題に対するサポート策の検討 ―― 191

1. 事業性評価の活用による取引先の経営改善は，金融機関の「顧客構造の高収益構造化」である 192
2. 事業性評価の取り組みは，金融機関の「長期的な財産づくり活動」である 194
　（1）事業性評価の推進への戸惑い　194
　（2）事業性評価は，最も重要な長期的な財産づくり活動である　194
3. 事業性評価から考える「メインバンク」とは 196

4．一緒に事業性評価を実施することが
　　一番効果ある支援となる……………………………………………… 197

第VIII章　成果の出る経営構造モデルの検討—— 199

1．構造モデルによる経営のポイントの見える化……………………… 200
　(1)　事業性評価における経営構造モデルの必要性　200
　(2)　事業構造の高収益構造化　200
　(3)　組織構造の高収益構造化　201
　(4)　財務構造の高収益構造化　202
　(5)　あるべき経営構造モデルは常に変化する　202

2．安定して成果を出し続けるためには………………………………… 204

第IX章　業種特性から考える改善具体策 —— 209

1．業種特性を財務構造の5つのポイントで考える…………………… 210
　(1)　業種特性と5つのポイント　210
　(2)　業種特性と収益構造の3つのポイント　211
　(3)　業種特性とBS（貸借対照表）の2つのポイント　213
　　①　業種ごとに必要となる事業資産の違い　213
　　②　担当先の業種特性と改善ポイントを考えてみよう　214

2．5つのポイントで考える業種別の改善具体策……………………… 215
　(1)　卸売業　215
　(2)　建設業　217
　(3)　小売業　218
　(4)　飲食業　220
　(5)　製造業　223

(6)　ホテル・旅館業　225
　3．担当取引先について考えてみよう……………………………… 227

第X章　事業性評価にどう取り組むか ──── 231

　1．グループ討議①（Step 1 と Step 2）……………………… 233
　　(1)　Step 1：事業内容・目指す姿の理解　233
　　(2)　Step 2：財務分析の実施　234
　2．グループ討議②（Step 3 と Step 4）……………………… 235
　　(1)　Step 3：事業分析の実施　236
　　(2)　Step 4：財務分析と事業分析を結び付けての重要経営課題の抽出　236
　3．グループ討議③（Step 5）………………………………… 238
　　(1)　Step 5：取引金融機関としてのサポート・支援策の提案　238
　　参考　グループ討議のホワイトボードの例　239

経営のあれこれコラム

■経営には強い重力が働いている　24
■本当の財務分析能力とは何か　96
■経営者にとって重要な生産性分析をマスターしよう　128
■経営は逆算である　190
■事業戦略の実行にあたっての組織に内在するジレンマ　207
■経営は「科学」か「アート」か　229
■よい会社とは？　240

第 I 章

事業性評価のための視点変革

1. 事業性評価とは？ その目的とは？

(1) 事業性評価の意義

　事業性評価とは，取引先の財務・事業の実態を「よく把握」したうえで，「今後」の重要経営課題・改善方向を認識し，「経営者と共有」し，その解決のための「資金」や「助言」を提供すること，といえます。その狙いは，金融機関のサポート等により，取引先の事業状況が改善，発展し，「その結果」として金融機関の資金などの活用が活発化することです。

　しかし，現場の法人営業担当者からは，「事業性評価が大切なことはよくわかるが，1社1社のことを考える「時間」がない！　いったい，どうしたらいいのか！」との悩みの声がよく聞かれます。この問題を解決するためには，効果的，効率的に使える事業性評価のノウハウを，各金融機関が組織として，事業性評価シートなどの形で具備することが必要です。実際，多くの金融機関で，事業性評価シートが運用されています。ただ，それが本来の目的を果たしうるものとなっているのか，が問題です。

　ところで，一般に「評価」とは，熟達した専門家がその価値を決めることをいいます。そのため，事業性の「評価」と考えてしまうと，非常に高いレベルがイメージされ，いざ事業性評価を実施しようにもハードルがかなり上がってしまいがちです。また，「評価」という文言には，従来利用されてきたスコアリングモデルにおける，債権者目線での担保評価，格付け評価の延長線上のニュアンス（問題点探しやリスク評価）があるように思われます。

　しかし，事業性評価で大切なことは，事業性を「評価」することよりも，顧客目線で事業性を「理解」することではないでしょうか。また，事業性評価の狙いは「取引先の事業状況が改善，発展すること」ですから，「債権者としての評価目線」で事業性の「評価」をしてもあまり効果が出ない，意味がないと

もいえます。
　現場の法人営業担当者の方は，事業性評価にあたり，まずは，関係構築のベースとなる取引先企業の「理解」に注力することを重点に考えればよいと思います。そうすればハードルも下がり，事業性評価に取り組みやすくなるでしょう。事業内容を十分理解しないで，無理やり経営課題を考えたり，改善策について助言することは非常に危険です。逆に，取引先の事業内容がよく理解できればできるほど，取引先の具体的な問題点や取組課題が自然と見えてきます。経営コンサルティングにおいても，クライアントの事業の十分な理解ができない限り，有効な，本当に使えるアドバイスはできません。

(2) 効果的，効率的な事業性評価のポイント

　それでは，効果的，効率的に「事業性理解」を実施するためには，どうしたらよいでしょうか？　どんな仕事も長く取り組んで経験していくと，だんだんとうまく（効果的，効率的に）できるようになるものです。それは，その仕事の「コツ」をつかむことができるからです。
　仕事のコツとは，やるべきポイントや優先順位が見えてくることだと思います。金融機関の方から，「コンサルタントはなぜ企業の事業内容や経営課題がそんなに早くつかめるのですか？」と聞かれることがありますが，まさに，コンサルティングの仕事におけるコツ，すなわち，事業，企業を見るポイントや優先順位が自分なりにできてくるからだと思います。そのコンサルティングにおける事業，企業を見るポイント，コツを，事業性評価シートとしてなんとか形式知化，見える化して，金融機関の事業性評価への取組みに活かしていただきたいと思っています。
　また，1人ひとりの顧客に合わせた個別性の高いサービスを提供するためには，対象となるお客様本人にサービスの提供プロセス自体に参画してもらい，「一緒にサービスの価値を創ること」が不可欠です。筆者の感覚としては，金融機関においても，事業性理解のための見るポイント（視点）を事業性評価シートの形で組織として整えて，それを取引先との「コミュニケーションツー

ル」として活用し，一緒に事業性評価を実施できることが望ましいと考えています。それが，経営課題と改善方向を経営者と「共有」する最も優れた方法でしょう。

ただし，すべての担当取引先でそれを実施することはさすがに困難で，対象は重要取引先に絞られるかもしれません。しかし，半年に1社ずつでもそれを実施できたら，法人営業担当者および組織としての目利き力や担当取引先との関係性は大きく変わっていくことでしょう。それこそが，事業性評価シートを活用した法人営業となるはずです。

金融機関の方とのミーティングでも，そのようなことがしたいとご賛同いただけます。しかし，これは裏を返せば，現時点で各金融機関とも，組織としては，十分なコツとしての事業性評価シートの確立とコミュニケーションツールとしての活用はできていないということかと思います。

図表1－1　事業性評価とは？　まずは「理解」すること！

事業性評価とは？
1. 取引先の財務・事業の実態を「よく把握」したうえで ……【取引先企業のことをよく「理解」する】
　①事業内容・商流など　②財務の状況
　③事業の状況（関係構築のベース）
2. 「今後」の重要経営課題・改善方向を認識し，「経営者と共有」し ……【今後の重要課題・改善方向の認識・共有】
　「いかにしたら儲かるか」を経営者の立場で考える（当事者意識「自分が社長だったら」の気持ちを持って）
3. その解決のための「資金」や「助言」を提供すること ……【課題解決に資するサポートを提案】

⬇

しかし，法人営業担当者の声：1社1社のことを考える「時間」がない！　いったい，どうしたらいいのか！

⬇

□まずは，関係構築のベースとなる取引先企業のことをよく「理解」することに注力する。
□事業性理解のための見るポイント（視点）を組織として整えて
□取引先と一緒（コミュニケーションツール）に，効率的・効果的（対象取引先は選択必要）に実施する。

2. そもそも「事業性」とは何か？

　事業性評価について，そもそも評価の対象となる「事業性」とはどのようなものだと考えればいいでしょうか？　「事業性がある」というのはどのようなことなのでしょうか？　この点が明確に定義づけされていない状態で事業性評価に取り組んでも，よい結果は生まれません。

　本書では，事業性とは「利益（儲け）の源泉」であるとの考え方をとっています。利益（儲け）とは，財務的な経常利益やフリーキャッシュフローなどです。ただし，利益（儲け）が事業の目的ではなく，事業性とは，結果として利益（儲け）となる「源泉」を意味します。利益はお客様に商品・サービスの価値を認めてもらい，適切な価格で買ってもらって得られます。「売上はお客様から選ばれた点数であり，利益はお客様から必要とされた点数である」ということです。したがってこの利益の源泉は，「お客様に選ばれる理由」であり，「お客様に必要とされる理由」といえます。

　また，メインターゲットのお客様から選ばれるためには，競合他社に対する優位性が必要です。「お客様に選ばれ，必要とされる理由」があり，それが，競合他社より優れていることを本当の意味での「強み」といいます。この「強み」が「事業性」の核心部分です。大変重要なポイントなので，本書の中でもこの部分については，さまざまな切り口から重複して記載しています。そしてこの「強み」は，外部環境変化の中で，その価値が変化します。この「強みの価値」を「よく把握」したうえで，外部環境変化を考慮して，「今後」の重要経営課題・改善方向を認識し，「経営者と共有」し，その解決のための「資金」や「助言」を提供することが，「事業性評価」であるといえます。

図表1-2 そもそも事業性とは何か？

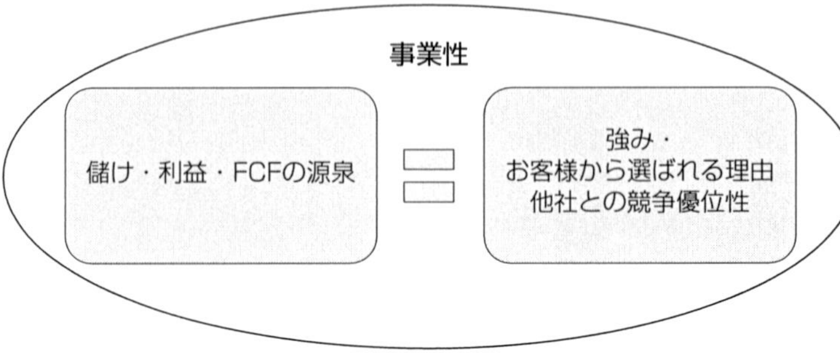

事業性 = 儲け・利益・FCFの源泉 = 強み・お客様から選ばれる理由・他社との競争優位性

3. 実際の法人営業担当者によく見られた傾向と改善策の方向性

(1) 実際の法人営業担当者によく見られた傾向

　主たる事業性評価の実施者は，現場の法人営業担当者です。筆者が企業の見方や目利き力，事業性評価などに関する研修などを通じて実際に感じた，法人営業担当者の目利きの現状には，以下のような傾向があります。

図表1-3 実際の研修で法人営業担当者によく見られた傾向

- 過去の数値変化の事実のみの把握であり，「その変化がなぜ生じたのか？」「今後も同様の傾向があるのか？」の視点で見られていない。
- 財務比率分析が，「指標がよい，悪い」の分析のみで，浅い。財務分析から事業実態に迫る能力は正直かなり弱い。
- 「あら探し」の意識が強く，なぜ「財務がよいか」が把握されていない。
- 決算書を中心とした「過去」の分析視点に終始し，「今後」どうなるか？の意識，視点が弱い。
- 強み，特長が，抽象的にしか把握されていない。
- 改善策が抽象的にしか把握されていない。

●過去の数値変化の事実のみの把握であり,「その変化がなぜ生じたのか?」「今後も同様の傾向があるのか?」の視点で見られていない。

　例えば,売上高が減少している,粗利率が低下している,といった過去の数値変化の状態は把握していますが,「それは,なぜか?」「今後も同様の傾向が続くのか?」については,ほとんど考えられておらず,把握していない傾向があります。

●財務比率分析が,「指標がよい,悪い」の分析のみで浅い。財務分析から事業実態に迫る能力は正直かなり弱い。

　画一的なスコアリングモデルの活用により,金融機関の方の財務分析能力は,かなり低下していると感じています。例えば,比率分析で,「総資本経常利益率(ROA)がよくなっている,悪くなっている」という指摘のみで,それを,売上高経常利益率(収益性)と総資本回転率(効率性)に分解するなどの深掘りした分析ができていない傾向があります。また,各財務比率の意味の理解が不足しています。経営者の視点からは非常に重要である生産性分析や損益分岐点分析は,ほとんど実務で活用できるレベルでは理解されていないケースが多く見られました。

●「あら探し」の意識が強く,なぜ,財務が「よいか」が把握されていない。

　例えば,売上高が増加した場合に,どこで,どんなものの売上高が,なぜ増加したのかという「よい理由」の把握があまりできていない傾向があります。財務がよい理由をつかむことは,事業性評価において重要なポイントである「強み」をつかむことにもつながりやすい重要な分析ポイントといえます。

●決算書を中心とした「過去」の分析視点に終始し,「今後」どうなるか?の意識,視点が弱い。

　経営課題は過去にはなく,今後どうするかということです。

　例えば,不動産関係,建設関係などの取引先から,今後の受注物件の見込情

報が入手されていないケースがあります。通常，会社は，今後1～2年（少なくとも6か月程度）の受注物件の見込みを持っています。特にこのような業種では，過去の決算数値はあまり意味を持たず，受注物件の見込みにより今後の業績が決まります。実態把握においては，これを社長に十分ヒヤリングする必要があります。

●強み，特長が，抽象的にしか把握されていない。

事業分析で，強みとして「高い技術力」「地元での知名度」「社長の人脈」「安定取引先」などの決まり文句は出てきますが，それが具体的にどのようなものであるかは把握されていないケースが多く見られます。そして，それが，なぜ他社との差別化，強み，利益の源泉になっているか（すなわち「事業性」）が把握されていない傾向があります。

●改善策が抽象的にしか把握されていない。

例えば，社長へのヒヤリングなどで聞いたと思われる「効率性改善」「利益率改善」「新規開拓」「営業強化」などの抽象的な改善策の記載が多く見られます。しかし，そのために具体的に会社がどのようなことを考え，何を実施しようとしているのか，具体的に把握できていない傾向があります。

(2) 改善策の方向性①：「債権者目線から経営者（顧客）目線へメガネをかけ替える」

① 債権者目線では事業性評価はできない

上記の傾向は，法人営業担当者の方ご自身に問題があるということではないと思います。個々人は本当に優秀であり，まじめで真剣な方ばかりです。しかし，これまで多くの担当先を持ち，債権者としていかに効率的に回収可能性に関するの「リスク」を評価するかを主眼としたスコアリングモデルの中で育ってきたことによる副作用として，上記の傾向が出てきたと考えられます。すなわち，上記の傾向は，従来の債権者目線でのスコアリング評価においてはあま

り問題はないのですが，事業性評価を実施するうえではかなり問題となるものといえます。

ただし，従来のスコアリングモデルが悪くて事業性評価がよいというのではありません。あくまで，その「目的」の違いによって分析の視点や考え方を変える必要があるということです。事業性評価を実施するにあたっては，「債権者目線から経営者（顧客）目線へメガネをかけ替える」必要があります。従来の債権者目線のメガネでは，事業性評価はできないということです。もっと強くいえば，債権者目線のメガネは「色メガネ」となり，事業性自体を見るときには邪魔になってしまう可能性があることに気をつけなければなりません。

経営者目線のメガネにかけ替えるということは，取引金融機関としての立場ではなく，「自分がもしこの会社の社長だったら」と想定し，考え，決算書や各種分析を実施するということです。例えば，赤字決算が数年続いている決算書を債権者目線で見るのと，自分がこの会社の社長だったらと思って経営者目線で見るのとでは，感じることが大きく違うと思います。立ち位置を変えれば，見えるものがかなり違ってくるものです。

② 当事者意識が相談相手となるポイント

特に，事業性評価で経営者と経営課題を共有するためには，「自分が社長だったら」の視点が非常に重要です。なぜなら，経営に限らず物事を本当に真剣に考えるためには，「当事者意識」が不可欠であり，この当事者意識がないと，「どうしたらいいか」の発想は生まれにくいからです。債権者目線では，第三者として「赤字が続いていてこの会社厳しいなぁ」「もう追加の融資は難しいなぁ」「早めに資金回収できないか」ということまでしか発想できませんが，当事者である経営者目線では，「そうは言っても，今後，事業を何とか改善する方法はないか？」を真剣に考えなければならなくなります。

また，自分のことだと小さなことでもなかなか冷静になって決心がつかないのに，他人のことは冷静に判断できると感じた経験はないでしょうか。「自分が社長だったら」の立ち位置で考えはしますが，現実には社長とまったく同じ

立場に立つ，すなわち当事者自身になることはできません。経営判断においては，当事者意識と，いい意味での第三者としての客観性も必要かと思います。

もともと第三者の金融機関の方が，「自分が社長だったら」という立ち位置の当事者意識を持って相談に乗ること。これが，当事者意識と客観性を合わせ持つこととなり，経営者にとって代えがたい重要な相談相手となるポイントであると思います。われわれコンサルタントも，そのような位置にいることがとても大切であると考えています。

(3) 改善の方向性②：「事業性評価シートを取引先と一緒に作る」

① 高い顧客満足を提供するためには，顧客の参画が必要

次に，いかに効果的かつ効率的に事業性評価（理解）を実施するかについて考えてみましょう。すでに述べましたが，1社1社，本当に千差万別で，個別的な視点を必要とする取引先の分析を，効果的，効率的に実施するためには，当該企業と一緒に分析作業を実施することが不可欠です。

さまざまな業界で見られる傾向ですが，現代の顧客サービスで高い顧客満足を得るためには，「あなたのためだけのサービス・商品」という個別性が強く求められます。そこで，本当に高いレベルでの顧客満足・顧客価値を提供するためには，顧客自身にも提供サービスに参画してもらうことが必要となっています。

ヒット商品の開発において，メインターゲット顧客に商品開発段階から参画してもらったり，家を建てる時に施主に木材選びから参画してもらうなど，一緒にサービスの価値を創っていくことがポイントとなっています。これらと同様に，事業性評価シート作りでも，取引先の経営層に参加してもらい，一緒に現状把握と今後の経営課題・改善方向を考えることが大変有効であると考えています。例えば，多くの中小企業では事業承継が重要なテーマになっており，次世代経営者にバトンタッチする場合に，その後継者と一緒にこの事業性評価シートを活用して，経営全体を見直すことは大変有効なサポート支援となります。そのときに，本書を取引先に紹介して，シート作成の考え方を共有するこ

ともできます。

　また，事業性評価の狙いは，金融機関のサポート等により，取引先の事業状況が改善，発展し，結果として金融機関の資金などの活用が活発化することです。そうであれば，改善の実行者である取引先自身で自社を分析することにより，主体性を持った的確な分析ができ，かつ改善策の実行可能性も高くなるといえます。

② **事業性評価のノウハウは，経営コンサルティングノウハウである**

　事業性評価シートのノウハウは，今後の経営，事業戦略を考えるノウハウそのものです。事業性評価シートを金融機関の内部資料としてだけ活用するのは大変もったいないと思います。事業性評価シートを一緒に作ることを通して，取引先自身がそのノウハウを持つことは，経営力を大きく高めることになります。それこそが，事業性評価の目的である取引先の事業の発展，結果としての金融機関の資金活用の実現に確実につながるものであるといえます。

　これは，金融機関が目指すべきコンサルティング支援活動の1つの姿です。われわれコンサルタントのコンサルティング活動においても，クライアントが主体性を持って経営改善を進めることは，成果を出すために不可欠で重要なポイントとなっています。極論かもしれませんが，事業性評価シートの作成は，金融機関が実施するものではなく，取引先自身で実施することが理想であり，それが事業性評価の目的には最も効果のある方法だと思います。

　また現段階では，金融機関の各担当者が作成した事業性評価シートは，取引先にとって真に共感を得られる，経営判断に使えるレベルで具体的に作成されているケースは少ないと感じています。事業性評価シートを取引先と一緒に作ることにより，その内容のレベルを大きく高めることができるとともに，金融機関の担当者のコンサルティング能力を大きくレベルアップさせることができます。

4. 事業性評価(理解)のための視点変革ポイント

(1) 信用格付けと事業性評価の視点の違い

　事業性評価の視点を，その分析対象から整理すると，大きく「事業構造と財務構造」の視点，および「過去と今後」の視点があります。その分析対象は4つの象限に分けられます。

図表1−4　事業性評価のための「視点変革 POINT」

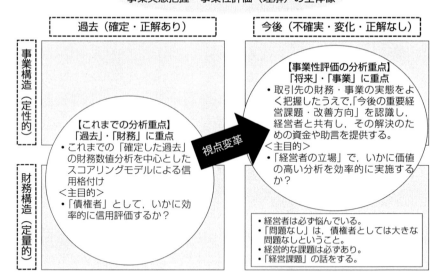

　これまでのスコアリングモデルの主目的は，「債権者」として，いかに効率的に信用リスクを評価するか，でした。そのため，分析対象の重点は，不確実な「今後」ではなく，確定した「過去」を，客観性の高い「財務」などの定量

分析を主体に実施されることになります。確定した過去の財務数値分析をメインとしたスコアリングモデルによる信用格付けは，評価の効率化に大きく寄与しましたが「画一的」であり，取引先ごとの実態に合わせた「個別性」「柔軟性」は弱くなりやすい面があることは否めません。

一方，事業性評価で重要なポイントは，「経営者の立場」で，いかに担当取引先の今後の事業の価値を効果的，効率的に把握するか，です。事業性評価は，企業の過去ではなく，「今後」を評価するものであり，定性的で不確実性があり，変化が速く，絶対的な正解のない「事業経営」自体を主な分析対象としています。事業性評価への方針転換について，見るべき重点が変わるだけと考えてはいけません。財務，担保を見て評価するのと，まったくノウハウや難易度が違います。事業性評価では，債権者視点での信用リスク評価に比べて格段に高い思考力が必要とされます。そして，効率は重要ですが，それを優先してしまうと，「意味ある事業性評価」を実施することは難しいといえます。

このようなことが一朝一夕にできるようになるのは，正直，難しいでしょう。しかし，第Ⅱ章でご紹介する具体的な事業性評価シートによって，事業性評価の視点，考え方，実践イメージを短時間で習得していただけるものと考えています。

(2) 事業性評価で「問題なし」はない

繰り返しになりますが，重要な点ですので，もう一度整理します。事業性評価の主な視点は，顧客や商品および経営機能，組織などから構成される「事業構造」と，財務数値から把握される「財務構造」です。また，顕在化した「過去」と，事業の成長可能性などの「今後」の視点もあります。これまでのスコアリングモデルでは，「過去の財務構造」のウエイトが大きかったのですが，事業性評価においては，「今後」と「事業構造」に，より大きなウエイトを置く必要があります。

ここでは，上述した，メガネのかけ替えがかなり重要なポイントとなります。優良企業の経営者に対して，債権者としては回収リスクに大きな「問題はな

い」といえますが，経営者目線の事業性評価では，「問題なし」とは決していうことはできません。どんな優良企業であっても「将来の業績が約束されている企業」はこの世の中に1社もありません。また，優良な企業，成長している企業の経営者ほど，問題意識が高く，やりたいことが多く，常に問題，課題を抱えて悩んでいるといえます。優良企業の社長に「御社は問題なくていいですね」などと言ったら，「経営者としてのんきでいられていいですね」という意味に捉えられ，この金融機関と取引してもあまり意味がないと思われてしまい，今後の取引関係を見直されてしまうかもしれません。

業績が悪い企業の社長と優良企業の社長のどちらが経営課題を多く抱え悩んでいるのかについては，一概にはいえません。しかし，経営課題の内容の質は異なりますが，どちらも，今後どうすべきかについて多くの経営課題を抱えていることは確かな事実です。経験的には，業績の悪い企業の社長は，業績回復のために何をすべきかは明確ですが，なかなか思うような実行ができず，改善が進捗しないのが悩みであり，優良企業の社長は，やりたいことが多く，さまざまな種類の経営課題を持っていて，どれからやるべきか，どうやるかに悩んでいる傾向があるように感じています。

業績がよい会社，悪い会社とも，必ず社長は悩んでいます。担当取引先の社長と将来の事業に関する経営課題の話をするように心がけましょう。

5. すべての企業で必ず検討すべき3つの経営課題の視点

経営課題は，過去にはありません。経営課題とは，「将来に向けて今後どうするのか」ということです。将来が100％約束されて決まっている企業は世界に1社もありません。どんな優良企業であってもそれは過去の話ですので，すべての企業が経営課題を持っているといえます。

経営者は必ず悩んでおり，事業性評価において「問題なし」という評価と

なったら，自らの考えが不足していると考えたほうがよいと思います。

どんな企業も，必ず検討すべき3つの経営課題の視点があります。逆にいえば，この3つの視点で検討しないと大きな見落としがある可能性があるということもいえます。

「問題とは何か？」。さまざまな定義の仕方があるかと思いますが，よくいわれるのは，問題とは「あるべき姿」と「現状」とのギャップであるということです。この場合の「あるべき姿」とは，「本来あるべき水準」の意味と，「目指すありたい姿」の意味の2つのケースがあると思います。そして「課題」とは，その「問題」を解決するための方策といえます。

図表1－5　問題点とは？　経営課題とは？

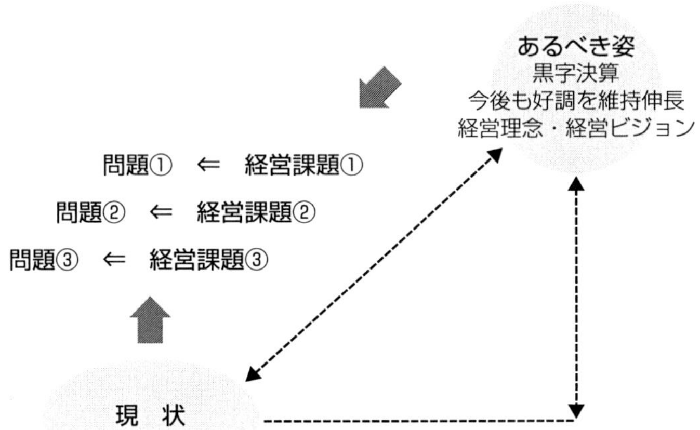

問題①　⇐　経営課題①
問題②　⇐　経営課題②
問題③　⇐　経営課題③

あるべき姿
黒字決算
今後も好調を維持伸長
経営理念・経営ビジョン

現　状

(1) 問題点を改善する課題

1つ目の視点は，赤字決算となっているなど業績が思わしくない場合の経営課題です。黒字決算状態など本来あるべき水準とのギャップで「顕在化している問題点を改善する課題」ともいえます。

その場合のアクションとしては，まずは，現在の低迷している業績の「要

因」は何か？（なぜ悪いのか？），ということを明らかにします。そして，その原因について有効な対策を打つことが課題となります。例えば，商品の競争力が低下して値引きも必要となるなど，売上高や利益が低下傾向にある場合に，新商品の開発，既存商品のリニューアルなどを検討するようなことが考えられます。このような課題（赤字解消など）ややるべきことは容易に把握できますが，それを実行して改善するには時間がかかるケースが多いと思います。

(2) よい点を維持・伸ばす課題

　2つ目の視点は，業績などが好調な場合の経営課題です。よい点を維持・伸ばす課題ともいえます。

　その場合には，現在の良好な業績を支えている「要因」は何か？（なぜよいのか？），を必ず明らかにします。悪い場合には悪い理由があり，よい場合にも必ずよい理由があります。経営においては，何もしないで自然と業績がよくなることはありません。よい場合には悪い場合よりも明確な理由があるケースが多いといえます。

　金融機関の方からは，この要因の把握が意外に難しいとの意見を聞きます。債権者の視点で考えれば，現在の回収可能性に大きな問題はないケースが多いので，「問題なし」としてしまうケースが多いようです。また，余計な質問をして経営者の気に障るようなことを言ってしまうリスクを避けようとすることもあるかと思います。しかし，事業性評価の視点からは，この，業績がよい理由をしっかりと把握することは重要なポイントとなりますので，必ず経営者に確認をする必要があります。

　また，経営者の立場からすると，この質問をして，今後の重要な経営課題に気づかせてくれる人の存在は大変貴重です。よかったのは，これまで（過去）であり，将来はどうなるのかわかりません。増加した売上高や利益は，いずれ必ず低下するものです。急激に増加したヒット商品の売上高は急激に降下するし，ロングセラー商品の売上高はなだらかに降下となります。いずれも必ず降下するものです。よい業績をできるだけ長く維持し，願わくば降下せず長期的

に成長させたいと思うことは，すべての経営者の想いです。そのためには，なぜよかったのかの理由を明確にして，そのよい理由をできるだけ長く維持する方法を課題として認識し，取り組むことがポイントとなります。例えば，ある新規取引先への売上高が好調なことが主要因であれば，その取引先へは競合他社もアプローチするでしょうから，その前にできるだけ多くの商材の取引を増やし関係性を深めることや，共同開発などで特別な関係を構築するなどが考えられます。

たまたま業績がよい企業と安定的に業績がよい企業との差は，業績がよい時にどのような課題認識を持つかによる差といえます。しかし，人や組織には好調な時ほど甘い空気が流れるものです。特に中小企業においては，社長が甘く考えると組織全体に影響しますので注意が必要です。この課題は，顕在化はしていないですが，どの企業にも必ずある「潜在的な課題」といえます。

(3) 目指す姿を達成する課題

最後の3番目の視点は，目指す姿を達成する課題です。より高いレベルへ成長するための「将来像」「経営ビジョン」は明確か？（どうなりたいのか？）を聞き，それを実現するために今後何をするかを考える経営課題です。

業績がよい企業の経営者は，経営理念や経営ビジョンを重視する傾向にありますが，この3番目の経営課題の視点を持っているからこそ，常にレベルアップして業績が常によいのだともいえます。例えば，日本で1番の顧客満足が提供できる会社になりたいとか，全社員が幸せを感じられる会社にしたいとか，業績面では経常利益を今の2倍にしたいとか，数年以内に上場したい，などです。この目指す姿を達成する課題は，事業を支援するパートナーを目指す金融機関としては，必ず確認しておきたい課題です。この課題は，より高いレベルを目指した目標，ありたい姿が存在して，初めて見える経営課題です。「創る経営課題」ともいえます。

図表1−6 視点変革POINT：必ず検討すべき「3つの経営課題」の視点

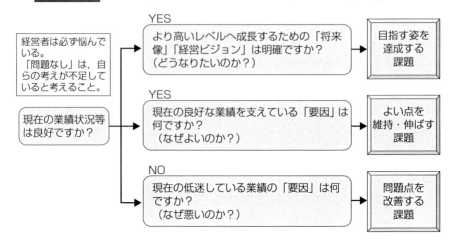

6. 経営は，「先を」「高く」「深く」考える

　1つめの「顕在化した課題」，2つめの「潜在的な課題」，3つめの「創る課題」について，その課題を認識できる人とそうでない人がいます。その違いは，問題意識のレベル，高さの違いです。特に問題意識の高い経営者とお話をするケースでは，金融機関の担当者も，より高いレベルの問題意識を持つことが必要です。そのコツは「先を（これから）」「高く（さらによく）」「深く（なぜ）」の視点を頭に置いて，先ほどの「3つの課題」を考えることです。
① 社長とのお話は，過去の決算書の話でなく，常にこれからの「先」の話ができているか
② 業績がよい場合にも今後もそれを維持し，さらに高い目標を実現するために何をすべきか，現状に甘んじることなく「高く」，「さらによくする」ことを意識した話ができているか
③ そして，経営者との話をより「深く」するため，「それはなぜですか？」

図表1-7 経営課題は,「先に」「高く」「深く」捉えるべし

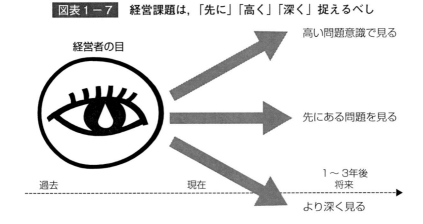

といった感じで真因に迫る深掘りの会話ができているかということを意識しましょう。

この「先を」「高く」「深く」の3つのキーワードを頭の真ん中に置いて経営者と話をすると,優良企業の問題意識の高い社長とでも,常に経営課題の話ができることになります。ぜひ覚えていただき,実際の経営者との面談時に試してみてください。

7. 分析のポイントは,全体感と論理(ストーリー)性

金融機関の研修などで,「効果的に企業分析を行うために大切なポイントはどんなことですか？」と聞かれることがあります。そんな時に筆者は「全体感」と「論理性」の2つのバランスをうまくとることが重要だと思います,と答えています。戦略は今後どうするかという将来に関することですので,事前には絶対的な正解はありません。しかし,この「全体感」と「論理性」のない分析から導かれた戦略は,成功確率の低いものであるといえます。

「全体感」とは，企業分析，すなわち企業の今後の経営課題を考えるうえで大きな見落としがあってはならないので，重要なポイントはすべて押さえているということです。「論理性」とは，さまざまな分析視点を統合する軸を持ち，一体的な思考で「要は何が言いたいのか」がよくわかる，ストーリー性があるということです。

実はこの2つのバランスが非常に難しいと感じています。全体感を優先すると，さまざまな視点からの分析となって分析範囲は広がり，情報ばかりが多くなります。実際のコンサルティングにおいても，コンサルティング報告のプレゼンでさまざまな分析を報告すればするほど，要は何を言いたいのかが不明確になりやすい傾向にあります。一方，論理性を優先すると，分析対象がある範囲に絞られ，全体感が弱まる傾向があります。

この2つをバランスよくさせるためには，全体感として事業を見るチェックポイントをしっかりと持つとともに，論理性を保つためにロジックツリーなどにより深掘りする思考と，分析の軸をしっかり持ちながら財務と事業を一体的に思考することなどが重要であると考えています。これから本書では，この2つのバランスをどうとったらよいのかについても述べていきます。常に，全体感と論理性の2つのバランスを意識して分析をしましょう。

8. 事業性評価の基本ステップ

事業性評価の基本ステップは，以下の手順で進めましょう。

図表1-8 全体ステップ：現状分析（財務・事業）⇒経営課題⇒サポート提案

各ステップごとに、それぞれの概要を説明していきます。

(1) Step1：事業内容・目指す姿の把握

事業性評価を開始するうえでのベースとなる部分です。貸出先概要表などの名称で事業内容などがまとめられた資料や、重要な取引先ではビジネスモデル図（商流図）などが書かれている資料などもあると思います。先を急がず、担当者が自分自身で具体的に商売のイメージができ、説明できるレベルでの理解が必要です。

事業内容をしっかり理解したら、財務データを見る前に、売上高、変動費、固定費の損益計算書のイメージを事業内容から考えてみましょう。さらに、売上債権、棚卸資産、有形固定資産などの貸借対照表のイメージも考えてみましょう。これができるか否かは、事業性評価の能力を大きく左右します。

また、経営理念やビジョン、中期事業計画などの目指す姿がある場合には、

必ずそれを理解しましょう。それがもし明確でない場合にも，社長がどんな会社を目指しているのか，どんな目標を持っているのかなどを必ず聞いてみましょう。

(2) Step2：財務分析からの実態把握

コンサルティングで，財務分析を先に実施するか，事業分析を先に実施するかは，コンサルタントによっても異なります。筆者は先に財務分析を実施することが多く，この方法のほうが効果的，効率的な分析に向いていると考えています。企業分析の最終目的は経営改善ですが，これは，どのように経営改善を行い財務的な成果を得るのかということです。

何でもそうですが，物事を効果的，効率的に実施する最も有効な方法は，ゴールに向かって一直線に進むことだと思います。したがって，ゴールである財務的な成果を意識して分析するためには，先に財務分析を実施することが有効だと考えています。金融機関の皆さんにとっても，この順番での分析のほうが馴染みやすいと思います。

財務分析では，さまざまな経営指標があり，さまざまな分析の方法があります。本書では，効果的，効率的な財務分析として，①売上高，②限界利益率（変動費率），③固定費，④運転資金，⑤投資，の5つに重点を置いた分析をしています。

(3) Step3：事業分析からの実態把握

経営改善は，事業構造をいかにして儲かるように改善するかが最大のポイントです。事業分析は何のために実施するのでしょうか？ 事業分析の目的は何でしょうか？ それは，Step2の財務数値の変化の主要因を把握すること，およびStep4以降の経営課題と改善を検討するためのネタ探しが主目的です。この事業分析で収集された情報の質が，分析全体の質を大きく左右します。

事業分析でも，さまざまな分析の方法があります。本書では，効果的，効率的な事業分析として，①顧客市場（誰に），②商品・サービス（何を），③経営

機能（どのように），の3つに重点を置いた分析をしています。

　ここまでのステップは，事業性理解，評価のために必要な情報を，全体感を持って，いかに効率的に収集するかが重視されます。ここでは，さまざまな分析ツール，フレームワークの考え方を活用した情報収集のポイントを明確にして効率的に進めることが大切です。

⑷　Step 4：財務分析と事業分析を結び付けての重要経営課題・改善ストーリーの検討

　Step 4では，財務と事業と経営者の想いを結び付け，担当取引先との対話や思考の積み重ねなどから，ストーリー性のある効果の高い分析を行うことが重要です。ここでは，効率性よりも，じっくりと思考や対話をして効果的な課題設定をすることが重要です。このステップが，事業性評価の質を最も左右します。

⑸　Step 5：金融機関としてのサポート支援策の検討と提案

　Step 4までは，担当取引先の立場で，「自分が社長だったら」の立ち位置で経営課題を考えることが重要です。Step 5で，初めて，その経営課題に対して金融機関として何ができるかを考えることになります。自社の金融商品ありきでなく，必ず取引先の経営課題のすべてに対して何かサポートできることはないかを考えましょう。

経営のあれこれコラム

■経営には強い重力が働いている

　上昇した風船はいずれ萎んで落ちます。増加した売上はいずれ減少します。増加傾向であった利益はいずれ減少に転じます。これが経営に働く重力です。

　一方で，下がった売上高を増加させること，悪化傾向にある利益を改善させることは，努力なしに自然と実現できることではありません。努力した結果として運がよければなんとか実現できるものであり，ここにも重力が働いています。この重力は，顧客のニーズの高度化であったり，競合の追随などから必ず生じるものです。

　また，急激に上昇した売上，利益は，急激に低下するケースが多いといえます。山高ければ谷深しです。いわゆるブームといわれるものを思い起こせば納得されるのではないかと思います。だから，ブームが起こってから事業に追随すると，多額の在庫を抱えて失敗するケースが多いのです。

　「上がったものは下がる，下がったものは上げるのが難しい」。これがわかっていれば，上がった時に，なるべく長く上がった状態にしようとします。そして，落ちる前に次なる上昇のネタを準備することができるようになります。下がってから次なる手を考えては遅く，その後大変な苦労を強いられることになります。

　では，どのようにしたらよいのでしょうか。とにかく下げの重力に早く気づくことが大切です。そのためには，経営者に高い問題意識が求められます。しかし，経営者も人の子です。人間は，業績がいいと，つい問題意識が甘くなってしまう傾向があります。問題意識を高く持てば，売上高が減少に転じるかなり前に，売上高が伸びていてもその伸び率が低下していることに気づけます。それに気付ければ，このままではいずれ減少に転じるから，その前に再上昇のための施策を講じることができます。風船で落ちてきたところを下から突くようなイメージです。

　経営者は，経営に重力が働いていることを常に忘れてはいけないのです。

第 II 章

使える「事業性評価シート」のつくり方

1. 事業性評価シートを実際に考えてみました

　事業性評価のための視点変革，基本的な考え方についてこれまで述べてきました。経営は実践のみから成果が出ます。筆者自身もコンサルタントとして，常に自分だったらどうするかの実践をイメージしてサポートすることがとても大切であると考えています。

　今回，これまで述べてきた考え方をベースに，事業性評価シートで具体化したらどのようになるかを検討してみました。シートの内容の検討にあたっては，普段の中小企業に対する総合的なコンサルティングをイメージしながら，コンサルティングノウハウを何とかシートにわかりやすく表現できないかと試行錯誤しました。

　これまで，いくつかの金融機関の事業性評価シートを拝見してきました。それぞれ工夫があり，おおむね必要な情報は集められるシートになっていると思います。しかし，その集めた情報をどうストーリーとして論理的に考え，経営課題の抽出につなげたらよいかについては，うまく表現できていないように感じています。その部分についても，シートで有機的に表現できないか試行錯誤しました。経営と同じで，事業性評価シートにも絶対的な正解はなく，常にレベルアップしていくべきものだと思いますので，各金融機関でのシートのレベルアップの参考にしてください。

　以下では，現時点で筆者がベストと考える事業性評価シートについて，
① 事業性評価シート自体の紹介
② シートの内容，活用ポイントの説明
③ 記入サンプル事例
を，全体およびステップごとに説明していきます。

　本書でご提案している事業性評価シートのファイルはダウンロードできます（目次の前の頁を参照）。

2. 事業性評価シートの全体像

　以下の事業性評価シートでは，前述の基本ステップ順にシートが作成されるようになっており，全体感とストーリー性を確保したものとなっています。

　また，コミュニケーションツールとして取引先と一緒に作成することを想定し，Step1は，事業内容・目指す姿の把握という金融機関目線での表現でなく，事業内容・目指す姿の整理という表現にしています。Step3，Step4についても同様に実態把握でなく，状況の整理という表現にしています。

　そして，各項目の表現は，できるだけ取引先へのヒアリング，質問形式をベースとした表現にしています。

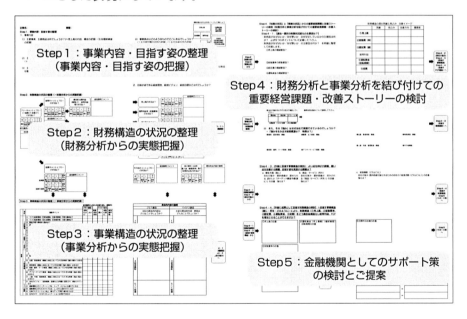

　事業性評価シートのフォーマットと記入事例（サイゼリヤ）は以下のとおりです。

28

図表2-1 事業性評価シート

企業名：　　　　　　　　　　　　業種：

Step1．事業内容・目指す姿の整理

1．事業内容

(1) 主要事業，主要商品は何でしょうか？（≒売上高の内容，構成の把握）（主な棚卸資産の把握）

(2) 主要販売先（顧客），エンドユーザーは誰でしょうか？（≒売上高の内容，構成の把握）（≒主な売上債権の把握）

(3) 主要な仕入品（ブツ）と仕入先はどこでしょうか？（≒主な変動費の内容の把握）（主な棚卸資産，買入債務の把握）

Step2．財務構造の状況の整理（＝財務分析からの実態把握）

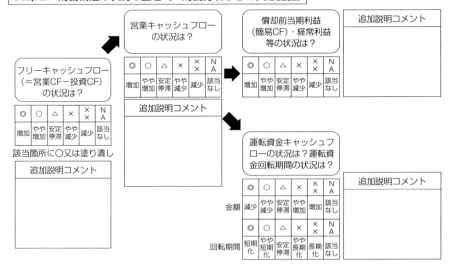

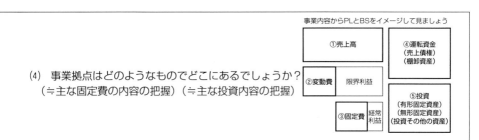

(4) 事業拠点はどのようなものでどこにあるでしょうか？
（≒主な固定費の内容の把握）（≒主な投資内容の把握）

(5) その他特記事項（会社のセールスポイント，重要な特徴・他社と違う点など）はあるでしょうか？

2．目指す姿である経営理念，経営ビジョン，経営目標などは何でしょうか？

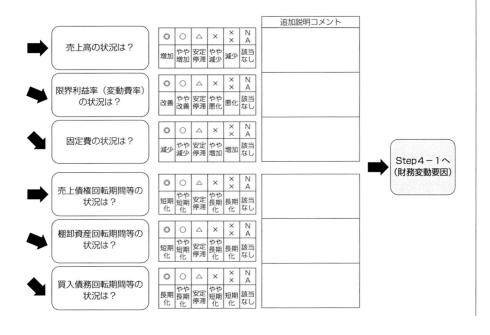

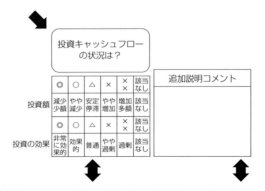

Step3．事業構造の状況の整理（＝事業分析からの実態把握）

該当箇所に✔記入又は塗り潰し（複数可）

項目		着眼ポイント	プラス要因		マイナス要因		該当無不明
			非常によい	よい	普通・まあまあ	悪い	非常に悪い
事業	1 外部環境	(1) マクロ経営環境（①政治環境、②経済環境）の変化動向は？					
		(2) マクロ経営環境（③社会環境、④技術革新）の変化動向は？					
		(3) 顧客市場の環境変化動向は？					
		(4) 競合環境の変化動向は？					
		(5) 新規参入、代替品の脅威の動向は？					
		(6) 仕入・調達環境の変化動向は？					
		(7) その他の経営環境の変化は？					
	2 顧客	(1) 自社の主要顧客・市場の売上高は増加/減少傾向にあるか					
		(2) 自社の主要顧客・市場に他社と比べて大きな特徴（強み/弱み）はあるか					
		(3) 自社の顧客・市場で、近年特に増加傾向のものはあるか					
	3 商品	(1) 自社の主要商品・サービスの売上高は増加/減少傾向にあるか					
		(2) 自社の商品・サービスに他社と比べて大きな特徴（強み/弱み）はあるか					
		(3) 自社の商品・サービスで、近年特に増加傾向のものはあるか					
	4 経営機能	(1) 開発・設計業務，機能に(他社と比べて)大きな特徴（強み/弱み）はあるか					
		(2) 購買・仕入業務，機能に(他社と比べて)大きな特徴（強み/弱み）はあるか					
		(3) 生産・製造業務，機能に(他社と比べて)大きな特徴（強み/弱み）はあるか					
		(4) 物流業務，機能に(他社と比べて)大きな特徴（強み/弱み）はあるか					
		(5) 営業・販売・マーケ業務，機能に(他社と比べて)大きな特徴（強み/弱み）はあるか					
		(6) アフターサービス業務，機能に(他社と比べて)大きな特徴（強み/弱み）はあるか					
		(7) 人事・労務・管理業務，機能に(他社と比べて)大きな特徴（強み/弱み）はあるか					
	5 人と組織	(1) 会社のビジョン、経営戦略、目標などは明確に設定され、徹底されているか					
		(2) 組織運営上のリーダーシップは、トップ、ミドルとも優れているか					
		(3) 組織運営上のPDCAサイクルは、しっかりと回されているか					
		(4) 社員のモチベーション向上、能力アップの取り組みは十分か					
		(5) 社内のタテ・ヨコのコミュニケーションは良好であるか					

第Ⅱ章　使える「事業性評価シート」のつくり方　31

その他キャッシュフローの状況は？

◎	○	△	×	××	NA
非常によい	よい	普通可	やや悪い	悪い	該当なし

追加説明コメント

自己資本（比率），借入金（償還倍率）等の財務安全性の状況は？

◎	○	△	×	××	NA
非常によい	よい	普通可	やや悪い	悪い	該当なし

具体的な内容の説明

具体的内容の説明	
プラス要因	マイナス要因
左記の具体的内容はどんなことでしょうか？	左記の具体的内容・原因はどんなことでしょうか？
1　外部環境		1　外部環境	
2　顧客		2　顧客	
3　商品		3　商品	
4　経営機能		4　経営機能	
5　人と組織		5　人と組織	

→ Step4－1（財務変動要因）
Step4－2（自社の強み）へ

Step４．「財務の状況」と「事業の状況」からの重要経営課題と改善ストーリーの検討（財務分析と事業分析を結び付けての重要経営課題・改善ストーリーの検討）

Step４－１．【過去～現状の財務状況変化の主要因は？】

・財務面がなぜよいか／なぜ悪いか　なぜ安定しているかの主要因は何か？　必ず５つのポイントについて記載してください。
・財務面がなぜよいか／なぜ悪いか　の主要因は何か？　を明確に整理して把握します。

①売上高の増減要因？

②変動費率の変動要因？

（Step２（財務分析）Step３（事業分析）から）→

③固定費の増減要因？

④運転資金の増減要因？

⑤投資の増減要因？

Step４－２．【自社の強み（利益・競争力の源泉）とそれを生み出す経営資源の把握＝戦略の軸・柱を明確にしてください】

(1) 当社の利益の源泉，強みは何でしょうか？　現在の主要なお得意先様（顧客）は，競合企業が数多くある中で，なぜ当社を選んでお取引をされているのでしょうか？＝「強み」。

●当社の強みを以下の３区分で検討してください。

顧客軸	商品軸	オペレーション軸

◎最重要，○かなり重要，△ある程度重要

●具体的な強みについて説明してください。

(2) また，その「強み」はなぜ当社で実現できているのでしょうか？
＝「強みを生み出す経営資源は？　特長は？」

（Step３（事業分析）から）→

●開発・設計業務，機能

●購買・仕入業務，機能

●営業・販売・マーケ業務，機能

●アフターサービス業務，機能

第Ⅱ章　使える「事業性評価シート」のつくり方　33

財務構造の過去実績と見込み，改善イメージ

	実績	見込み	改善方向	重要度
①売上高				
②変動費（率）				
③固定費（額）				
経常利益				
④運転資金（回転期間）				
⑤投資				
FCF				

➡ Step4-3（目指す事業構造）Step4-4（目指す財務構造）へ

↗ → ↘ 矢印で変化を表現してください。「重要度」の欄は
◎最重要，○かなり重要，△ある程度重要

●生産・製造業務，機能　　　　　　　●物流業務，機能

●人事・労務・管理業務，機能　　　　●その他機能

Step4-3.【今後に目指す事業構造の検討】：よい点を伸ばす課題，悪い点を改善する課題，目指す姿を実現する課題は？

a. 顧客市場（誰に）
自社の強み・提供価値が，認められる，望ましい「ターゲット顧客市場(誰に)」の改善・強化は？

b. 商品・サービス（何を）
自社の強み・提供価値が，活かされる「商品・サービス（何を）」の改善・強化は？

Step4-1（財務変動要因）
Step4-2（自社の強み）
から ▶

Step4-4.【今後に成果として目指す財務構造の検討】≒目指す事業構造（誰に・何を・どのように）により，財務構造（①売上高，②変動費率，③固定費，④運転資金，⑤投資）をどう高収益構造化し経常利益，FCFを増加させることができますか？

Step4-1（財務変動要因）
Step4-3（目指す事業構造）から ▶

①売上高の改善

④運転資金（売上債権）（棚卸資産）回転期間の改善

②変動費率の改善

③固定費額の改善

Step4-3（目指事業構造）
Step4-4（目指す財務構造）
から ▶

c. 経営機能（どのように）
　自社の強み・提供価値を強化するための自社の「経営活動（どのように）」の改善・強化は？

⑤効果的な投資の改善

Step5．金融機関としてのサポート策の検討とご提案

会社の経営課題・改善方向		金融機関としてのサポート策
	⇒	
	⇒	
	⇒	
	⇒	
	⇒	
	⇒	

図表2-2 事業性評価シートの記入事例

企業名：　　　　　　　　　　　　　業種：

Step1．事業内容・目指す姿の整理

1．事業内容

(1) 主要事業，主要商品は何でしょうか？（≒売上高の内容，構成の把握）（主な棚卸資産の把握）
「日々の価値ある食事の提案と挑戦」をメニュー提案のテーマとして，イタリアンワイン＆カフェレストラン「サイゼリヤ」を日本，中国などアジアで展開
イタリア料理メニュー（ドリア，パスタ，ハンバーグ，サラダ，ワイン等）
売上高＝既存店売上高＋新規出店売上高　　売上高＝客数×客単価

(2) 主要販売先（顧客），エンドユーザーは誰でしょうか？（≒売上高の内容，構成の把握）（≒主な売上債権の把握）
ファミリー層を中心に顧客層は若年層から高齢者まで幅広い

(3) 主要な仕入品（ブツ）と仕入先はどこでしょうか？（≒主な変動費の内容の把握）（主な棚卸資産，買入債務の把握）
ハンバーグなどの食肉加工品：オーストラリアのメーカー（PB商品を直輸入）
レタス，トマトなどの野菜（福島の自社農場などで生産）
スパゲッティなどのパスタ（イタリアよりPB商品を直輸入）
イタリアンワイン（PB商品を直輸入）
その他（生ハム，チーズなど）

Step2．財務構造の状況の整理（＝財務分析からの実態把握）

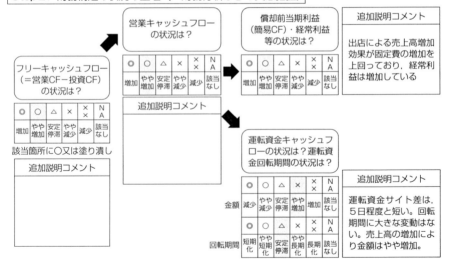

第Ⅱ章　使える「事業性評価シート」のつくり方　37

事業内容からPLとBSをイメージして見ましょう

①売上高	④運転資金(売上債権)(棚卸資産)
②変動費　限界利益	⑤投資(有形固定資産)(無形固定資産)(投資その他の資産)
③固定費　経常利益	

(4) 事業拠点はどのようなものでどこにあるでしょうか？
（≒主な固定費の内容の把握）（≒主な投資内容の把握）
2017年8月現在：国内にサイゼリヤ1,053店，ファーストフード店を4店舗。セントラルキッチンを5工場
主力商品であるハンバーグとミラノ風ドリア（ホワイトソース）のためにオーストラリアに自社工場
上海に128店舗，広州に118店舗，台湾に11店舗，北京に66店舗，香港に28店舗，シンガポールに20店舗
すべて直営店である

(5) その他特記事項（会社のセールスポイント，重要な特徴・他社と違う点など）はあるでしょうか？
経営理念に沿った経営
理系出身者が多く生産性向上への取り組みを数値で科学的に管理する力は高い
店舗に売上高目標を課していない。店長には人件費，経費などのコストコントロールが求められている。人時生産性の目標はある

2．目指す姿である経営理念，経営ビジョン，経営目標などは何でしょうか？
経営理念：【日々の価値ある食事の提案と挑戦】
基本理念：1．人のため　2．正しく　3．仲良く

項目	◎	○	△	×	××	NA	追加説明コメント
売上高の状況は？	増加	やや増加	安定停滞	やや減少	減少	該当なし	国内および中国等アジアでの出店により増加。既存店売上高も増加。
限界利益率（変動費率）の状況は？	改善	やや改善	安定停滞	やや悪化	悪化	該当なし	食肉加工品などの食材やワインなどの飲料は輸入しており，為替の動向により変動リスクあり。
固定費の状況は？	減少	やや減少	安定停滞	やや増加	増加	該当なし	出店による従業員人件費，減価償却費，その他費用は増加している。今後の人件費増加（アップ）が想定され，これに対する売上，利益増加のバランスを図る必要がある。
売上債権回転期間等の状況は？	短期化	やや短期化	安定停滞	やや長期化	長期化	該当なし	テナント未収入金など。回転期間は3日程度。
棚卸資産回転期間等の状況は？	短期化	やや短期化	安定停滞	やや長期化	長期化	該当なし	食材・加工製品等。回転期間は15日程度。
買入債務回転期間等の状況は？	長期化	やや長期化	安定停滞	やや短期化	短期化	該当なし	

Step4－1へ
（財務変動要因）

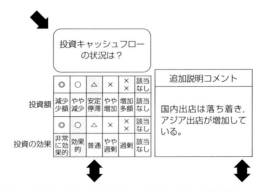

Step3．事業構造の状況の整理（＝事業分析からの実態把握）

該当箇所に✔記入又は塗り潰し（複数可）

項目		着眼ポイント	プラス要因		マイナス要因		該当無し・不明
			非常によい	よい	普通・まあまあ	悪い	非常に悪い	
事業	1 外部環境	(1) マクロ経営環境（①政治環境，②経済環境）の変化動向は？		✔		✔		
		(2) マクロ経営環境（③社会環境，④技術革新）の変化動向は？		✔			✔	
		(3) 顧客市場の環境変化動向は？		✔				
		(4) 競合環境の変化動向は？				✔		
		(5) 新規参入，代替品の脅威の動向は？				✔		
		(6) 仕入・調達環境の変化動向は？				✔		
		(7) その他の経営環境の変化は？						✔
	2 顧客	(1) 自社の主要顧客・市場の売上高は増加/減少傾向にあるか		✔				
		(2) 自社の主要顧客・市場に他社と比べて大きな特徴（強み/弱み）はあるか		✔				
		(3) 自社の顧客・市場で，近年特に増加傾向のものはあるか	✔					
	3 商品	(1) 自社の主要商品・サービスの売上高は増加/減少傾向にあるか		✔				
		(2) 自社の商品・サービスに他社と比べて大きな特徴（強み/弱み）はあるか	✔					
		(3) 自社の商品・サービスで，近年特に増加傾向のものはあるか						✔
	4 経営機能	(1) 開発・設計業務，機能に（他社と比べて）大きな特徴（強み/弱み）はあるか		✔				
		(2) 購買・仕入業務，機能に（他社と比べて）大きな特徴（強み/弱み）はあるか		✔				
		(3) 生産・製造業務，機能に（他社と比べて）大きな特徴（強み/弱み）はあるか		✔				
		(4) 物流業務，機能に（他社と比べて）大きな特徴（強み/弱み）はあるか		✔				
		(5) 営業・販売・マーケ業務，機能に（他社と比べて）大きな特徴（強み/弱み）はあるか		✔		✔		
		(6) アフターサービス業務，機能に（他社と比べて）大きな特徴（強み/弱み）はあるか						✔
		(7) 人事・労務・管理業務，機能に（他社と比べて）大きな特徴（強み/弱み）はあるか		✔				
	5 人と組織	(1) 会社のビジョン，経営戦略，目標などは明確に設定され，徹底されているか		✔				
		(2) 組織運営上のリーダーシップは，トップ，ミドルとも優れているか	✔					
		(3) 組織運営上のPDCAサイクルは，しっかりと回されているか		✔				
		(4) 社員のモチベーション向上，能力アップの取り組みは十分か						✔
		(5) 社内のタテ・ヨコのコミュニケーションは良好であるか						✔

第Ⅱ章 使える「事業性評価シート」のつくり方　39

その他キャッシュフローの状況は？							追加説明コメント	自己資本（比率），借入金（償還倍率）等の財務安全性の状況は？							具体的な内容の説明
◎	○	△	×	××	NA			◎	○	△	×	××	NA		自己資本比率は80％近くで高い。
非常によい	よい	普通可	やや悪い	悪い	該当なし			非常によい	よい	普通可	やや悪い	悪い	該当なし		

具体的内容の説明			
プラス要因		マイナス要因	
左記の具体的内容はどんなことでしょうか？		左記の具体的内容・原因はどんなことでしょうか？	
1 外部環境	外(1) 国内景気環境は比較的安定，良好 外(2) タブレットオーダー，キャッシュレス精算など省人化技術の普及 外(3) 高齢化，シニア層の増加	1 外部環境	外(1) 中国経済の停滞，人件費の高騰 外(2) 人手不足。特に外食での不足。人件費のアップ。 外(4) 外食，中食含めて競合関係は強く激しい 外(5) 新規参入は多い 外(6) 為替変動，円安によるコストアップ
2 顧客	顧(1) 国内での売上高は増加傾向にある 顧(2) ファミリー層，若年層からの支持，ブランド力 顧(3) 中国などアジアでの出店，売上高増加	2 顧客	
3 商品	商(1) お客様視点でのサービス強化により国内既存店売上高増加 商(2) イタリア料理を圧倒的なコストパフォーマンスで提供	3 商品	
4 経営機能	経(1) メニュー開発は継続して実施 経(2) 福島県に100万坪の自社農園 経 主力商品であるハンバーグとミラノ風ドリアのためにオーストラリアに自社工場 経(3) 国内5工場（カミッサリー，セントラルキッチン） 経(4) 野菜を鮮度を保って店舗に輸送するコールドチェーンシステム 経(5) 効率化した店舗オペレーション 経(7) 創業当時から給与水準アップを目標，業界では高い水準	4 経営機能	経(5) 人手不足による人件費アップが想定される
5 人と組織	組(1) 経営理念へのこだわり，浸透は非常に強い 組(2) 経営トップへの信頼は強い 組(3) 理系出身者が多くPDCA，科学的経営をしっかり行っている	5 人と組織	

➡ Step4－1（財務変動要因）
Step4－2（自社の強み）へ

Step4．「財務の状況」と「事業の状況」からの重要経営課題と改善ストーリーの検討（財務分析と事業分析を結び付けての重要経営課題・改善ストーリーの検討）

Step4－1．【過去～現状の財務状況変化の主要因は？】

・財務面がなぜよいか／なぜ悪いか　なぜ安定しているかの主要因は何か？　必ず5つのポイントについて記載してください。
・財務面がなぜよいか／なぜ悪いか　の主要因は何か？　を明確に整理して把握します。

Step2（財務分析）Step3（事業分析）から　➡

①売上高の増減要因？	①売上高は，お客様視点でのサービス強化により客数増加で，既存店売上高は増加。国内は目標であった1,000店舗を超え，中国などアジアでの新規出店が増加して新規出店売上高が増加している。
②変動費率の変動要因？	②限界利益率は，為替変動リスクの中で，調達方法の工夫・ヘッジ契約などにより概ね安定的に推移している。
③固定費の増減要因？	③固定費は，主に中国などアジアでの出店に伴い人件費，設備関連費用などが増加している。
④運転資金の増減要因？	④運転資金は原則として，現金商売，在庫は食材が多いことなどから回転期間は短く大きな資金負担となるものではなく，回転期間も大きな変動はない。但し，店舗増加，売上高増加により金額は増加している。
⑤投資の増減要因？	⑤投資は，店舗出店，工場関連の投資が主なものである。毎期一定の投資が行われている。

Step4－2．【自社の強み（利益・競争力の源泉）とそれを生み出す経営資源の把握＝戦略の軸・柱を明確にしてください】

(1) 当社の利益の源泉，強みは何でしょうか？　現在の主要なお得意先様（顧客）は，競合企業が数多くある中で，なぜ当社を選んでお取引をされているのでしょうか？＝「強み」。

Step3（事業分析）から　➡

● 当社の強みを以下の3区分で検討してください。

顧客軸	商品軸	オペレーション軸
△	○	◎

◎最重要，○かなり重要，△ある程度重要

● 具体的な強みについて説明してください。
イタリア料理をおいしく低価格で提供。「おいしさ」：毎日食べても飽きない。組み合わせで倍増するコーディネーション。
価格：「びっくりするぐらい」，喜んでもらえる価格

(2) また，その「強み」はなぜ当社で実現できているのでしょうか？
＝「強みを生み出す経営資源は？　特長は？」

●開発・設計業務，機能
オペレーションの効率性，生産性を追求した店舗設計
　1店舗売上高が増えすぎると近隣に新規出店して無理のないサービスができるようにしている。

●営業・販売・マーケ業務，機能
効率化した店舗オペレーション
店舗のスクラップ＆ビルド
国内および海外すべてが直営店舗

●購買・仕入業務，機能
福島県に100万坪の自社農場（品種改良した大玉レタス等）
店舗での販売予測に基づく野菜安定した計画生産ができる
ワイン，パスタ，チーズなどをイタリアよりPB商品を直輸入

●アフターサービス業務，機能

財務構造の過去実績と見込み，改善イメージ

	実績	見込み	改善方向	重要度
①売上高	↗	↗	↗	◎
②変動費（率）	→	→	→	○
③固定費（額）	↗	↗	↗	◎
経常利益	↗	↗	↗	
④運転資金（回転期間）	→	→	→	△
⑤投資	→	→	→	◎
FCF	↗	↗	↗	

↗ → ↘ 矢印で変化を表現してください。「重要度」の欄は
◎最重要，○かなり重要，△ある程度重要

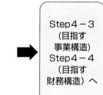

Step4-3（目指す事業構造）
Step4-4（目指す財務構造）へ

Step4-3（目指す事業構造）へ

● 生産・製造業務，機能
　主力商品であるハンバーグとミラノ風ドリア（ホワイトソース）のためにオーストラリアに自社工場
　国内5工場（カミッサリー，セントラルキッチン）

● 人事・労務・管理業務，機能
　創業当時から給与水準を他産業並みにすることを目標にし，業界では高い水準

● 物流業務，機能
　野菜を鮮度を保って店舗に輸送するコールドチェーンシステム

● その他機能
　川上（産地）から川下（店舗）まで一貫して品質管理を行う製造直販システム
　により品質と価格を自分たちでコントロールできる。
　ミラノ風ドリア，ハンバーグ，サラダなど35年売り続ける「ベーシック商品」の存在

Step4-3.【今後に目指す事業構造の検討】：よい点を伸ばす課題，悪い点を改善する課題，目指す姿を実現する課題は？

Step4-1（財務変動要因）
Step4-2（自社の強み）
から →

a. 顧客市場（誰に）
自社の強み・提供価値が，認められる，望ましい「ターゲット顧客市場（誰に）」の改善・強化は？

- 国内で増加する高齢者，シニア層への対応強化
- 店舗サービスレベルの更なる強化による国内既存店売上高の維持，増加
- 2010年に出店した九州，未出店の四国への出店。
- 中国，その他アジアへの出店

b. 商品・サービス（何を）
自社の強み・提供価値が，活かされる「商品・サービス（何を）」の改善・強化は？

- 魅力的なメニュー（商品）の継続的な開発
- 既存メニューの更なる魅力アップ

Step4-4.【今後に成果として目指す財務構造の検討】≒目指す事業構造（誰に・何を・どのように）により，財務構造（①売上高，②変動費率，③固定費，④運転資金，⑤投資）をどう高収益構造化し経常利益，FCFを増加させることができますか？

Step4-1（財務変動要因）
Step4-3（目指す事業構造）
から →

①売上高の改善
- お客様視点でのサービスレベルのアップによる既存店売上高の増加（客数増加）
- 国内で増加する高齢者，シニア層への対応強化
- 2010年に出店した九州，未出店の四国への出店。
- 中国，その他アジアへの出店
- 魅力的なメニュー（商品）の継続的な開発
- 既存メニューの更なる魅力アップ

②変動費率の改善
- 為替の影響のヘッジなどによる変動費率の維持

③固定費額の改善
- 国内5工場（カミッサリー，セントラルキッチン）の更なる生産性向上
- 中国などアジア地域での高レベルでの工場体制（セントラルキッチン）の構築
- 店舗サービスレベルの更なる強化による国内既存店売上高の維持，増加
- 中国などアジア地域での高レベルでの店舗サービス向上
- 人件費が高騰する中での更なる店舗オペレーションの効率アップ（オペレーション省人化技術）

④運転資金（売上債権）（棚卸資産）回転期間の改善

Step4-3（目指す事業構造）
Step4-4（目指す財務構造）
から →

第Ⅱ章 使える「事業性評価シート」のつくり方　43

c．経営機能（どのように）
　自社の強み・提供価値を強化するための自社の「経営活動（どのように）」の改善・強化は？

　国内5工場（カミッサリー，セントラルキッチン）の更なる生産性向上
　中国などアジア地域での高レベルでの工場体制の構築
　店舗サービスレベルの更なる強化による国内既存店売上高の維持，増加
　中国などアジア地域での高レベルでの店舗サービス向上
　人件費が高騰する中での更なる店舗オペレーションの効率アップ（オペレーション省人化技術）
　為替の影響のヘッジなどによる変動費率の維持

➡ Step4-4（目指す財務構造）Step5（サポート策）へ

⑤効果的な投資の改善
　2010年に出店した九州，未出店の四国への出店。
　中国，その他アジアへの出店

➡ Step5（サポート策）へ

Step5．金融機関としてのサポート策の検討とご提案

会社の経営課題・改善方向		金融機関としてのサポート策
2010年に出店した九州，未出店の四国への出店。中国，その他アジアへの出店	⇒	新規出店候補地の紹介，店舗投資支援
お客様視点でのサービスレベルのアップによる既存店売上高の増加（客数増加） 中国などアジア地域での高レベルでの店舗サービス向上 国内で増加する高齢者，シニア層への対応強化	⇒	店舗サービスレベルの現状調査，レベルアップのしくみ支援（ミステリーショッパー，専門家支援など）
魅力的なメニュー（商品）の継続的な開発 既存メニューの更なる魅力アップ	⇒	メニュー開発支援（開発人材紹介支援，食材ビジネスマッチングなど）
中国などアジア地域での高レベルでの工場（セントラルキッチン）体制の構築 国内5工場（カミッサリー，セントラルキッチン）の更なる生産性向上	⇒	生産体制構築に関するサポート（設備投資支援，ビジネスマッチング，専門家支援など）
人件費が高騰する中での更なる店舗オペレーションの効率アップ（オペレーション省人化技術）	⇒	IOT，AI技術関連業者の紹介，設備投資支援
為替の影響のヘッジなどによる変動費率の維持	⇒	ヘッジ商品関連の紹介

3. Step 1：事業内容，目指す姿の整理

　事業性評価シートの全体像を見ていただきました。ここからは，各ステップごとに詳細を見ていきましょう。

> Step 1．事業内容・目指す姿の整理
> 1．事業内容
> 　(1) 主要事業，主要商品は何でしょうか？（≒売上高の内容，構成の把握）（主な棚卸資産の把握）
> 　(2) 主要販売先（顧客），エンドユーザーは誰でしょうか？（≒売上高の内容，構成の把握）（≒主な売上債権の把握）
> 　(3) 主要な仕入品（ブツ）と仕入先はどこでしょうか？（≒主な変動費の内容の把握）（主な棚卸資産，買入債務の把握）
> 　(4) 事業拠点はどのようなものでどこにあるでしょうか？（≒主な固定費の内容の把握）（≒主な投資内容の把握）
> 　(5) その他特記事項（会社のセールスポイント，重要な特徴・他社と違う点など）はあるでしょうか？
> 2．目指す姿である経営理念，経営ビジョン，経営目標などは何でしょうか？

(1) シートの内容，活用ポイント

　Step 1 は，事業内容・目指す姿について整理するパートです。各金融機関で「貸出先概要表」などの名称で主要販売先や仕入先などの事業内容に関する基本的事項を整理した資料があると思います。または，最近はビジネスモデル図（商流図）などを描いているケースも増加していると思います。それらを参考に記載してください。

　事業内容を理解するポイントは，(1)主要事業，主要商品，(2)主要販売先，(3)主要仕入先（仕入ブツ），(4)事業拠点，です。これらは事業の基本的な要素であり，これらを把握することは，事業性評価の最も基本的なポイントとなります。

事業内容の整理を次のStep 2の財務構造分析に有機的につなげるために，財務構造の5つのポイントのどこにつながるのかも意識するようにしています。

事業を見るときには財務を意識し，財務を見るときには事業を意識することが，財務と事業を一体的に考えるコツです。

(1)の主要事業，主要商品，(2)の主要販売先を知ることは，財務的にはPLの「売上高の内容」，BSの「棚卸資産（商品・製品）の内容」「売上債権の内容」を知ることにつながります。

(3)の主要な仕入品は，必ず具体的な「ブツ」を把握する必要があります。これは，財務的にはPLの「変動費の内容」，BSの「棚卸資産（原材料・商品）の内容」「買入債務の内容」を把握することにつながります。

(4)の事業拠点を知ることは，どんな本社，営業所，工場，倉庫などを持っているか，そこでどんなことをしているかを把握することです。それは，財務的にはPLの人件費や減価償却費などの主な固定費，BSの有形固定資産などの内容を把握することにつながります。

(5)のその他の特記事項は，上記以外に，会社のセールスポイント，重要な特徴・他社と違う点（主なよい点，問題点）があれば，早期にヒヤリングして把握しておきたいものです。

2の「目指す姿である経営理念，経営ビジョン，経営目標など」についても，早期に必ずヒヤリングして把握しておきましょう。ホームページにこれらの情報が記載されているケースも多いので，事前に必ずチェックしてヒヤリングに臨みましょう。

(2) 記入サンプル事例

以下，ステップごとのシート記入のしかたなどについて解説していきます。記入のモデル企業としているのは，ご存じの方も多いと思いますが，イタリアンレストランチェーンのサイゼリヤです。

記載内容は，直近5期の有価証券報告書，ホームページ，書籍など一般公開データにより作成しています。しかし，当該事業性評価シートのイメージをつ

かんでいただくことを主目的に作成しており，実態把握内容や経営課題などについては，十分な調査に基づくものではありません。分析における良否の判断も筆者の主観に基づきます。その点，ご承知おきください。

Step1．事業内容・目指す姿の整理
1．事業内容
　(1) 主要事業，主要商品は何でしょうか？（≒売上高の内容，構成の把握）（主な棚卸資産の把握）
　　　「日々の価値ある食事の提案と挑戦」をメニュー提案のテーマとして，イタリアンワイン＆カフェレストラン「サイゼリヤ」を日本，中国などアジアで展開
　　　イタリア料理メニュー（ドリア，パスタ，ハンバーグ，サラダ，ワイン等）
　　　売上高＝既存店売上高＋新規出店売上高　　売上高＝客数×客単価
　(2) 主要販売先（顧客），エンドユーザーは誰でしょうか？（≒売上高の内容，構成の把握）（≒主な売上債権の把握）
　　　ファミリー層を中心に顧客層は若年層から高齢者まで幅広い
　(3) 主要な仕入品（ブツ）と仕入先はどこでしょうか？（≒主な変動費の内容の把握）（主な棚卸資産，買入債務の把握）
　　　ハンバーグなどの食肉加工品：オーストラリアのメーカー（PB商品を直輸入）
　　　レタス，トマトなどの野菜（福島の自社農場などで生産）
　　　スパゲッティなどのパスタ（イタリアよりPB商品を直輸入）
　　　イタリアンワイン（PB商品を直輸入）
　　　その他（生ハム，チーズなど）
　(4) 事業拠点はどのようなものでどこにあるでしょうか？（≒主な固定費の内容の把握）（≒主な投資内容の把握）
　　　2017年8月現在：国内にサイゼリヤ1,053店，ファーストフード店を4店舗。セントラルキッチンを5工場
　　　主力商品であるハンバーグとミラノ風ドリア（ホワイトソース）のためにオーストラリアに自社工場
　　　上海に128店舗，広州に118店舗，台湾に11店舗，北京に66店舗，香港に28店舗，シンガポールに20店舗
　　　すべて直営店である
　(5) その他特記事項（会社のセールスポイント，重要な特徴・他社と違う点など）はあるでしょうか？
　　　経営理念に沿った経営
　　　理系出身者が多く生産性向上への取り組みを数値で科学的に管理する力は高い
　　　店舗に売上高目標を課していない。店長には人件費，経費などのコストコントロールが求められている。人時生産性の目標はある
2．目指す姿である経営理念，経営ビジョン，経営目標などは何でしょうか？
　　経営理念：【日々の価値ある食事の提案と挑戦】
　　基本理念：1．人のため　　2．正しく　　3．仲良く

上記内容からPL, BSをイメージしてみると，以下のようにイメージできました。PL, BSの5つのポイントについて，詳しくは後述しますが，イメージ図表だけ記載しておきます。

図表2-3 事業内容からPL, BSをイメージする

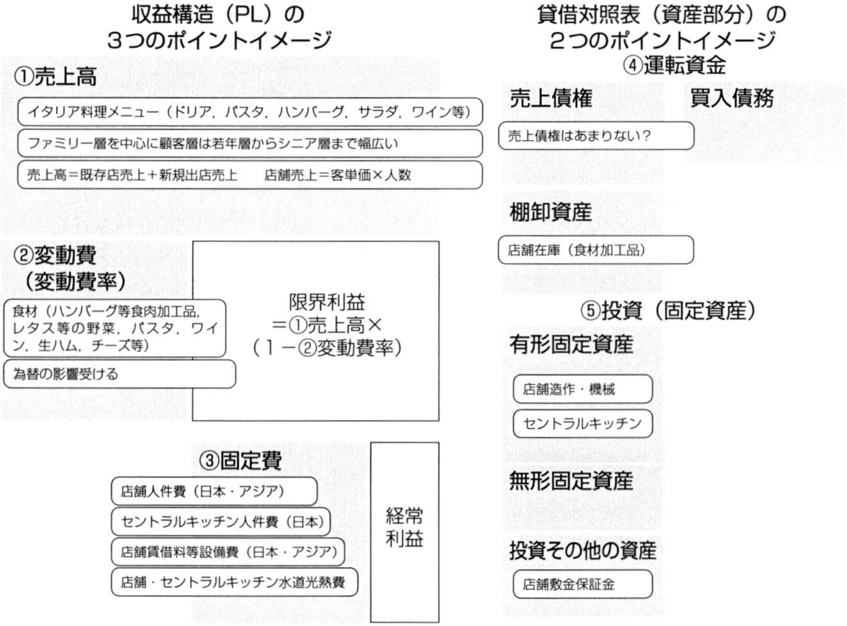

収益構造（PL）の
3つのポイントイメージ

① 売上高
- イタリア料理メニュー（ドリア，パスタ，ハンバーグ，サラダ，ワイン等）
- ファミリー層を中心に顧客層は若年層からシニア層まで幅広い
- 売上高＝既存店売上＋新規出店売上　店舗売上＝客単価×人数

② 変動費（変動費率）
- 食材（ハンバーグ等食肉加工品，レタス等の野菜，パスタ，ワイン，生ハム，チーズ等）
- 為替の影響受ける

限界利益＝①売上高×（1－②変動費率）

③ 固定費
- 店舗人件費（日本・アジア）
- セントラルキッチン人件費（日本）
- 店舗賃借料等設備費（日本・アジア）
- 店舗・セントラルキッチン水道光熱費

経常利益

貸借対照表（資産部分）の
2つのポイントイメージ

④ 運転資金

売上債権　　　買入債務
- 売上債権はあまりない？

棚卸資産
- 店舗在庫（食材加工品）

⑤ 投資（固定資産）

有形固定資産
- 店舗造作・機械
- セントラルキッチン

無形固定資産

投資その他の資産
- 店舗敷金保証金

4. Step2:財務構造の状況の整理

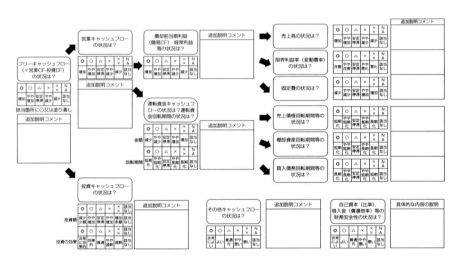

【シートの大まかな構成拡大図】

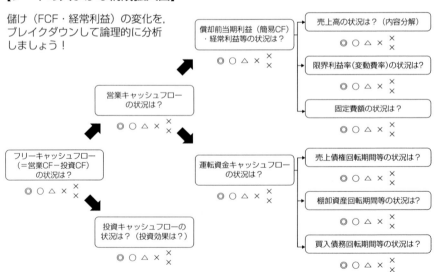

(1) シートの内容，活用ポイント

　財務分析は，金融機関の方の得意分野ですが，取引先にとっては苦手分野であるケースが多いと思います。また，この財務分析は事業性評価の大きな柱です。事業性評価シートを取引先と一緒に検討し作成する場合には，このStep 2の財務構造の状況の整理について，金融機関の担当者のほうでしっかりとリードしたい部分です。ここがうまくリードできれば取引先からパートナーとして認められ，信頼を勝ち取るチャンスであると思います。

　経営課題は，「今後，いかに儲かるようにするか」ですので，儲け（＝お金）を表すものの代表として「フリーキャッシュフロー（FCF＝営業CF－投資CF）」を先頭に挙げ，その財務数値の変動の有無について「◎・○・△・×・××」の5段階で評価しています。基本的には，FCFが増加することを◎と考え，減少する要因は×として評価しています。ただし，運転資金や投資に関しては，その基準だけでは良否の判断がしにくいため，別途の基準も設定しています。「NA：該当なし」の欄も設けています。業種特性などから該当ない場合，重要性が低い場合や不明な場合などはこれを使うことになります。

　また，それぞれの評価などについて，「追加説明コメント」欄を設けていますので，説明が必要な場合にはここに記載します。

　それでは，分析のブレイクダウンに沿って見ていきましょう。

① フリーキャッシュフロー＝営業キャッシュフロー－投資キャッシュフロー

図表2－4 FCF＝営業CF－投資CF

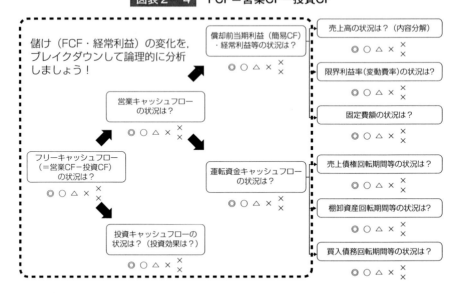

　まず，FCFの状況はどうかを見ます。FCFは，「営業CF－投資CF」ですので，その増減は営業CFと投資CFの増減にブレイクダウンされます。営業CFで「稼ぎ」が増減したのか，「使い道」である投資CFが増減したのか，FCFの増減要因を把握します。

② 営業キャッシュフロー＝償却前当期利益－運転資金キャッシュフロー

　営業CFの増減は，主に簡易CFともいわれる償却前当期利益の増減と運転資金の増減にブレイクダウンされます。その他のキャッシュフローの増減もありますが，ここではどの企業においても営業CFの主要構成要素となるこの2つを取り上げています。そして，営業CFの増減要因について，この2つのどちらに主要因があるのかを把握します。もし，その他のキャッシュフローに主要因がある場合には，「その他のキャッシュフローの状況は？」の箇所に記載します。

③ 投資キャッシュフロー

	◎	○	△	×	××	該当なし
投資額	減少少額	やや減少	安定停滞	やや増加	増加多額	該当なし
投資の効果	非常に効果的	効果的	普通	やや過剰	過剰	該当なし

追加説明コメント

投資CFについては，投資額が増加するとFCFにとっては減少要因となりますので，評価はマイナス（×）になります。しかし，経営は本来，投資をしてリターンを得る活動ですので，投資が少ないと将来の事業性が劣化するリスクがあるといえます。そこで，投資の効果という側面からの評価も追加しています。投資に大きな増減があった場合や投資が継続的に必要な場合には，追加説明コメントでその具体的な内容を記載してください。

投資は，会社の経営にとってもとても重要な事項です。金融機関にとって投資資金の融資のチャンスでもあります。しかしながら，担当先の中期的な設備投資計画や投資の予定などをあまり聞いていないケースが多いと思います。その結果，取引先から融資申込みを聞いてからの後追い的な対応となり，金利だけの勝負になるケースが多いと思います。「先を」見て，先んじて投資予定を取引先と共有しておくメリットは大きいと思います。それによって，投資計画の策定サポートや各種業者の紹介，各種助成金などを含む資金調達サポートなど，金融機関としてサポートできるチャンスがあります。必ず，中長期的な投資予定，必要性の有無は聞いて共有しておきましょう。

④ 償却前当期利益（簡易キャッシュフロー）

図表２−５　償却前当期利益（簡易CF）

儲け（FCF・経常利益）の変化を，ブレイクダウンして論理的に分析しましょう！

- 償却前当期利益（簡易CF）・経常利益等の状況は？　◎ ○ △ × ××
  - 売上高の状況は？（内容分解）　◎ ○ △ × ××
  - 限界利益率（変動費率)の状況は？　◎ ○ △ × ××
  - 固定費額の状況は？　◎ ○ △ × ××
- 営業キャッシュフローの状況は？　◎ ○ △ × ××
- フリーキャッシュフロー（＝営業C－投資CF）の状況は？　◎ ○ △ × ××
- 運転資金キャッシュフローの状況は？　◎ ○ △ × ××
  - 売上債権回転期間等の状況は？　◎ ○ △ × ××
  - 棚卸資産回転期間等の状況は？　◎ ○ △ × ××
  - 買入債務回転期間等の状況は？　◎ ○ △ × ××
- 投資キャッシュフローの状況は？（投資効果は？）　◎ ○ △ × ××

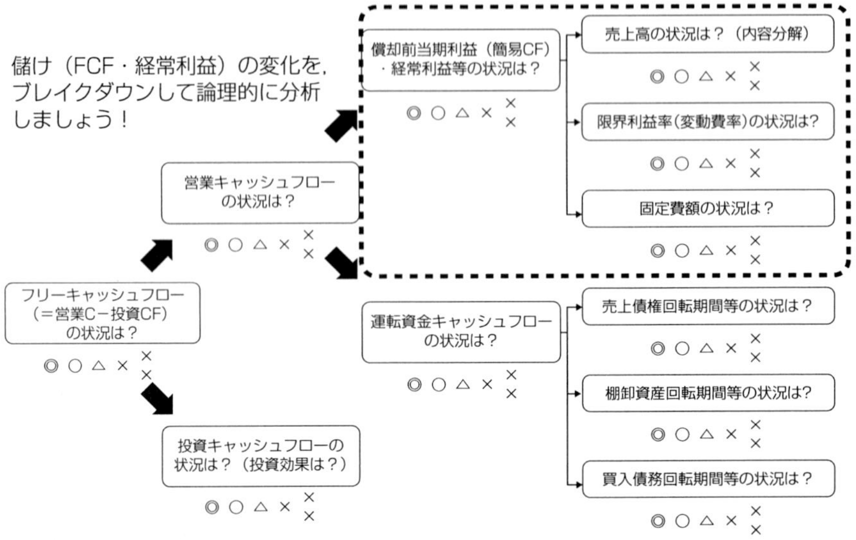

　償却前当期利益の増減は，多額の特別損益がない限り経常利益の増減とニア・イコールとなります。大きな影響のある特別損益があった場合には，追加説明コメントを付してください。経常利益の増減は，「経常利益＝売上高×限界利益率－固定費」の算式から，主に売上高の増減，限界利益率（変動費率）の増減，固定費の増減の３項目にブレイクダウンされます。売上高の状況に大きな変化があった場合には，どのような商品・サービス，どのような顧客市場で，単価アップまたは数量アップしたのかなど，増加や減少理由についての追加説明を記載してください。売上高が増減すれば限界利益や変動費の額は当然変動します。限界利益，変動費の変動は，「額」ではなく「率」で改善・悪化を判断することが原則です。固定費については，本来売上高の増減に大きな影響を受けないので，「額」としての増減で良否を判断するのが原則です。

⑤ 運転資金キャッシュフロー

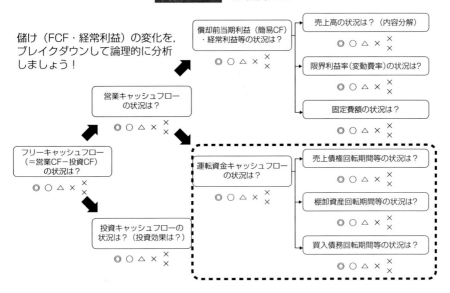

図表2-6　運転資金CF

　運転資金CFの増減は、「運転資金＝売上債権＋棚卸資産－買入債務」の算式から、それぞれの残高の増減にブレイクダウンされます。売上高が増減すればこれらの残高は増減することが当たり前ですので、金額だけで良否、問題点の有無を判断することはできません。ただし、金額が増加すればFCFの増減への影響はマイナス（×）となります。

　運転資金は「回転期間」で改善・悪化を判断するのが原則です。そこで、売上債権回転期間、棚卸資産回転期間、買入債務回転期間に大きな変動はないかを見ることになります。事業性評価シートでは、金額と回転期間の両方で評価する様式となっています。

54

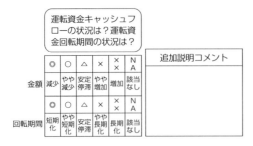

⑥ その他キャッシュフロー

その他CFに特記すべき重要な増減ありましたら,その他CFの欄に記入をします。

最後に,自己資本(比率),借入金(償還倍率)等の財務安全性のチェックを行い,特記すべき重要な事項がありましたら記載をします。

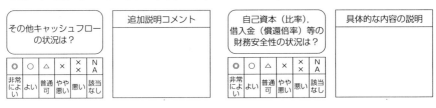

(2) 記入サンプル事例

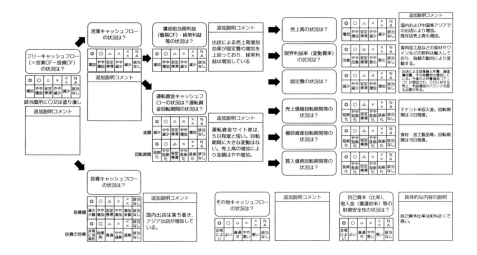

① フリーキャッシュフロー＝営業キャッシュフロー－投資キャッシュフロー

FCFは増加しており，「○」の評価としています。そして，FCFを営業CFと投資CFにブレイクダウンして，同様に5段階評価しています。

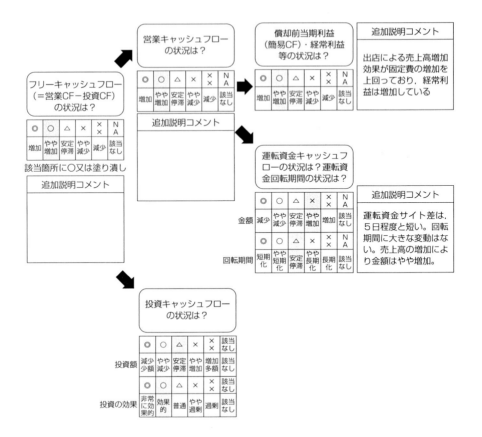

② 営業キャッシュフロー＝償却前当期利益－運転賃金キャッシュフロー

　このケースでは，営業CFは増加しており，評価は「○」としています。その営業CFの増加について，償却前当期利益（簡易CF）・経常利益と運転資金CFの状況に分解して分析しています。償却前当期利益（簡易CF）・経常利益は増加しており「○」の評価です。運転資金CFの状況については，売上高の増加により運転資金の残高自体は増加しています。これの評価は難しいですが，FCFを増加させることを狙いとした場合には，FCFに対して減少要因となりますので，「×」評価としています。運転資金サイト差（回転期間）は5日程度と短く大きな変動はありませんので，「△」評価としました。

③ 投資キャッシュフロー

投資CFは，国内出店はある程度落ち着き，アジア出店が増加しています。一定の新規出店投資など投資CFは安定的に支出されていますので，「△」評価としました。投資が効果的にリターンを得られているかについては，新規出店によるリターンにより売上高，経常利益，営業CFが増加していますので，「○」評価としています。

④ 償却前当期利益（簡易キャッシュフロー）

そして，償却前当期利益（簡易CF）・経常利益の「○」評価の増加要因を「売上高」「限界利益率（変動費率）」「固定費」にブレイクダウンして分析しています。

売上高は，既存店売上高および新規出店売上高などにより大きく増加傾向にありますので，「◎」評価としています。限界利益率（変動費率）は大きな変動はありませんので，「△」評価としました。ただし，主な変動費が食材であり，輸入食材について為替の影響が懸念される旨をコメントしています。固定費については，増加傾向にあり「×」評価としました。これは，出店による従業員人件費，減価償却費，その他費用の増加によりますので，出店効果による収益アップとのバランスが大切であり，一概に悪いこととはいえませんが，償却前当期利益（簡易CF）・経常利益の増減への影響から考えると，増加することはマイナス要因となるからです。しかし，出店による固定費の増加よりも売上高増加による収益増加が大きく，トータルでは経常利益は増加しています。

その他，固定費については，今後も人件費増加（アップ）が想定され，これに対する売上，利益増加のバランスを図る必要がある旨のコメントを記しています。

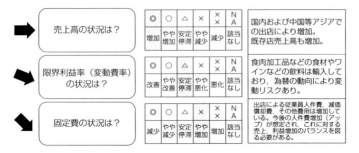

⑤ 運転資金キャッシュフロー

次に，運転資金CFについては，売上債権回転期間，棚卸資産回転期間，買入債務回転期間について大きな変動がなく，「△」評価としました。

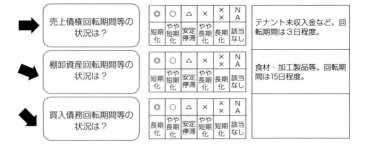

［財務分析のまとめ］

上記から，FCFは増加傾向にあり，「○」評価の主要因は，既存店および国内・中国などアジアでの出店による売上高の増加であると分析されています。財務分析上の課題としては，①FCFの増加を支える売上高の維持，向上，②為替の影響を受ける変動費率の変動抑制，③出店による固定費の増加を上回る収益効果の実現，人件費増加が想定される中での対応策の検討，④運転資金回転期間の維持，長期化防止，⑤今後も効果的な投資の実施などと考えられます。

このようにシート上で，5つのポイントをベースに，儲けであるFCFの増減要因をブレイクダウンして分析します。分析結果で悪化しているものは「改善する」，よい傾向のものは，それを「維持する，さらによくする」「目指す姿を実現する」という3つの課題を意識しましょう。また，課題については，悪い点だけを取り上げるのでなく，必ず上記の①〜⑤のように財務の5つのポイントすべてについて，今後どうすべきか（増加・維持・削減など）のイメージを課題として設定することに留意しましょう。それにより，全体感を保って今後目指すべきPLやBSのイメージを持つことが可能となり，Step 3でそれを実現するネタ探し，Step 4でそれを具体的にどのような財務構造にするのかを検討することにつなげやすくなります。

5. Step3：事業構造の状況の整理

Step3．事業構造の状況の整理（＝事業分析からの実態把握）

項目		着眼ポイント	プラス要因		マイナス要因		該当無し・不明
			非常によい	普通・まあまあ	悪い	非常に悪い	
事業	1 外部環境	(1) マクロ経営環境（①政治環境、②経済環境）の変化動向は？					
		(2) マクロ経営環境（③社会環境、④技術革新）の変化動向は？					
		(3) 顧客市場の環境変化動向は？					
		(4) 競合環境の変化動向は？					
		(5) 新規参入、代替品の脅威の動向は？					
		(6) 仕入、調達環境の変化動向は？					
		(7) その他の経営環境の変化は？					
	2 顧客	(1) 自社の主要顧客・市場の売上高は増加／減少傾向にあるか					
		(2) 自社の主要顧客・市場に他社と比べて大きな特徴（強み／弱み）はあるか					
		(3) 自社の顧客・市場で、近年特に増加傾向のものはあるか					
	3 商品	(1) 自社の主要商品・サービスの売上高は増加／減少傾向にあるか					
		(2) 自社の商品・サービスに他社と比べて大きな特徴（強み／弱み）はあるか					
		(3) 自社の商品・サービスで、近年特に増加傾向のものはあるか					
	4 経営機能	(1) 開発・設計業務、機能に（他社と比べて）大きな特徴（強み／弱み）はあるか					
		(2) 購買・仕入業務、機能に（他社と比べて）大きな特徴（強み／弱み）はあるか					
		(3) 生産・製造業務、機能に（他社と比べて）大きな特徴（強み／弱み）はあるか					
		(4) 物流業務、機能に（他社と比べて）大きな特徴（強み／弱み）はあるか					
		(5) 営業・販売・マーケ業務、機能に（他社と比べて）大きな特徴（強み／弱み）はあるか					
		(6) アフターサービス業務、機能に（他社と比べて）大きな特徴（強み／弱み）はあるか					
		(7) 人事・労務・管理業務、機能に（他社と比べて）大きな特徴（強み／弱み）はあるか					
	5 人と組織	(1) 会社のビジョン、経営戦略、目標などは明確に設定されているか					
		(2) 組織運営上のリーダーシップは、トップ、ミドルとも優れているか					
		(3) 組織運営上のPDCAサイクルは、しっかりと回されているか					
		(4) 社員のモチベーション向上、能力アップの取り組みは十分か					
		(5) 社内のタテ・ヨコのコミュニケーションは良好であるか					

該当箇所に✓記入又は塗り潰し（複数可）

→

具体的内容の説明	
プラス要因	マイナス要因
左記の具体的内容はどんなことでしょうか？	左記の具体的内容・原因はどんなことでしょうか？
1 外部環境	1 外部環境
2 顧客	2 顧客
3 商品	3 商品
4 経営機能	4 経営機能
5 人と組織	5 人と組織

Step3．事業構造の状況の整理（＝事業分析からの実態把握）

該当箇所に✔記入又は塗り潰し（複数可）

項目		着眼ポイント	プラス要因			マイナス要因		該当無不明
			非常によい	よい	普通・まあまあ	悪い	非常に悪い	
事業	1 外部環境	(1) マクロ経営環境（①政治環境，②経済環境）の変化動向は？						
		(2) マクロ経営環境（③社会環境，④技術革新）の変化動向は？						
		(3) 顧客市場の環境変化動向は？						
		(4) 競合環境の変化動向は？						
		(5) 新規参入，代替品の脅威の動向は？						
		(6) 仕入・調達環境の変化動向は？						
		(7) その他の経営環境の変化は？						
	2 顧客	(1) 自社の主要顧客・市場の売上高は増加/減少傾向にあるか						
		(2) 自社の主要顧客・市場に他社と比べて大きな特徴（強み/弱み）はあるか						
		(3) 自社の顧客・市場で，近年特に増加傾向のものはあるか						
	3 商品	(1) 自社の主要商品・サービスの売上高は増加/減少傾向にあるか						
		(2) 自社の商品・サービスに他社と比べて大きな特徴（強み/弱み）はあるか						
		(3) 自社の商品・サービスで，近年特に増加傾向のものはあるか						
	4 経営機能	(1) 開発・設計業務，機能に(他社と比べて)大きな特徴（強み/弱み）はあるか						
		(2) 購買・仕入業務，機能に(他社と比べて)大きな特徴（強み/弱み）はあるか						
		(3) 生産・製造業務，機能に(他社と比べて)大きな特徴（強み/弱み）はあるか						
		(4) 物流業務，機能に(他社と比べて)大きな特徴（強み/弱み）はあるか						
		(5) 営業・販売・マーケ業務，機能に(他社と比べて)大きな特徴（強み/弱み）はあるか						
		(6) アフターサービス業務，機能に(他社と比べて)大きな特徴（強み/弱み）はあるか						
		(7) 人事・労務・管理業務，機能に(他社と比べて)大きな特徴（強み/弱み）はあるか						
	5 人と組織	(1) 会社のビジョン，経営戦略，目標などは明確に設定され，徹底されているか						
		(2) 組織運営上のリーダーシップは，トップ，ミドルとも優れているか						
		(3) 組織運営上のPDCAサイクルは，しっかりと回されているか						
		(4) 社員のモチベーション向上，能力アップの取り組みは十分か						
		(5) 社内のタテ・ヨコのコミュニケーションは良好であるか						

(1) シートの内容，活用ポイント

　事業に関する外部環境や内部能力の各項目について，質問形式で着眼ポイントに従ってチェックするようにしています。プラス要因の「非常によい」「よい」，マイナス要因の「悪い」「非常に悪い」が付いた項目については，右の記入欄に，その具体的な内容はどのようなことかを項目番号を示しながら記載する様式となっています。各項目で，プラス面とマイナス面の両方がある場合には，チェックマークを両方に付けてください。

① 外部環境

1 外部環境	(1)	マクロ経営環境（①政治環境，②経済環境）の変化動向は？
	(2)	マクロ経営環境（③社会環境，④技術革新）の変化動向は？
	(3)	顧客市場の環境変化動向は？
	(4)	競合環境の変化動向は？
	(5)	新規参入，代替品の脅威の動向は？
	(6)	仕入・調達環境の変化動向は？
	(7)	その他の経営環境の変化は？

「1 外部環境」の（1）（2）の項目は，マクロ経営環境に関するPEST分析のフレームワークをイメージして，4つのポイント（①政治，②経済，③社会，④技術）について重要な環境変化はないかを聞いています。（3）〜（6）の項目は，業界・ミクロ経営環境の5フォース分析のフレームワークをイメージして，5つのポイント（①顧客市場，②競合，③新規参入，④代替品，⑤仕入先）について重要な環境変化はないかを聞いています。（7）では，その他の経営環境変化で重要なものがあれば記載します。ここで活用している各種フレームワークについては，後述の理論編にて説明をしていますので，ご参照ください。

② 顧客

2 顧客	(1)	自社の主要顧客・市場の売上高は増加/減少傾向にあるか
	(2)	自社の主要顧客・市場に他社と比べて大きな特徴（強み/弱み）はあるか
	(3)	自社の顧客・市場で，近年特に増加傾向のものはあるか

「2 顧客」の項目は，（1）自社の主要顧客市場の売上高の増減，（2）主要顧客市場の特徴（よい点・強み，問題点・弱み），（3）主要顧客市場以外で今後期待できそうな売上高増加項目の有無を聞いています。主要顧客はどのような顧客であるかを把握することは，事業を理解するうえで最も重要なポイントです。顧客別の売上高データなどからABC分析などを行い，主要顧客を明確にしておくことが必要です。

③ 商品

3 商品	(1)	自社の主要商品・サービスの売上高は増加/減少傾向にあるか
	(2)	自社の商品・サービスに他社と比べて大きな特徴（強み/弱み）はあるか
	(3)	自社の商品・サービスで，近年特に増加傾向のものはあるか

「3 商品」の項目についても，(1) 自社の主要商品・サービスの売上高の増減，(2) 主要商品サービスの特徴（よい点・強み，問題点・弱み），(3) 主要商品・サービス以外で今後期待できそうな売上高の増加項目の有無を聞いています。顧客と同様に，主要商品・サービスがどのようなものであるかを把握することは，事業を理解するうえで重要なポイントです。商品・サービス別の売上高データなどからABC分析などを行い，主要商品・サービスを明確にしておくことが必要です。

④ 経営機能

4 経営機能	(1)	開発・設計業務，機能に(他社と比べて)大きな特徴（強み/弱み）はあるか
	(2)	購買・仕入業務，機能に(他社と比べて)大きな特徴（強み/弱み）はあるか
	(3)	生産・製造業務，機能に(他社と比べて)大きな特徴（強み/弱み）はあるか
	(4)	物流業務，機能に(他社と比べて)大きな特徴（強み/弱み）はあるか
	(5)	営業・販売・マーケ業務，機能に(他社と比べて)大きな特徴（強み/弱み）はあるか
	(6)	アフターサービス業務，機能に(他社と比べて)大きな特徴（強み/弱み）はあるか
	(7)	人事・労務・管理業務，機能に(他社と比べて)大きな特徴（強み/弱み）はあるか

「4 経営機能」の項目では，バリューチェーンのフレームワークをイメージして，自社の開発，調達，製造，物流，販売，アフターサービス，管理の各経営活動についての特徴（よい点・強み，問題点・弱み）の有無について聞いています。

⑤ 事業構造を構成する3要素

上記の「2 顧客」「3 商品」「4 経営機能」の3項目は，自社の「事業構造」を構成する3要素です。それらは，自然と儲かるように改善することはなく，外部経営環境の変化の中で十分な対応ができないと，必ず儲からなくなっていきます。そこで，外部経営環境の変化をしっかりと捉えることが重要となります。外部環境変化は，自社がそれに対応した変化ができなければマイナス要素となりますが，逆にうまく対応できれば他社に対して優位性を持つこ

とができます。したがって，「変化はチャンス」と捉えた積極的な対応が重要です。

　事業性評価シートの質問を使って，この3要素に重要なプラス面，マイナス面，いわゆる強み・弱みがないかを探ることができます。

⑥　人と組織

　最後に，「5　人と組織」について，①組織目標，リーダーシップ，②業務のマネジメントで重要となるPDCA，③人のマネジメントで重要となるコミュニケーション，④社員個々人のパフォーマンスを高めるモチベーションや能力アップの取組みなど，事業戦略を実行する組織の状態について聞いています。これらの改善については，財務構造の高収益構造化，事業構造の高収益構造化と合わせて，組織を儲かるようにするという意味で「組織構造の高収益構造化」ということができます。

5人と組織	(1)	会社のビジョン，経営戦略，目標などは明確に設定され，徹底されているか
	(2)	組織運営上のリーダーシップは，トップ，ミドルとも優れているか
	(3)	組織運営上のPDCAサイクルは，しっかりと回されているか
	(4)	社員のモチベーション向上，能力アップの取り組みは十分か
	(5)	社内のタテ・ヨコのコミュニケーションは良好であるか

⑦　事業分析の目的の再確認

　外部環境および内部能力に関する各項目の，それぞれの状態について，経営者に質問しながら「非常によい，よい，普通，悪い，非常に悪い」などをチェックし，肯定的意見，否定的意見があればその具体的な内容をヒヤリングして，具体的な内容を記載していきます。これにより，SWOT分析表と同様の表を，事業分析の重要なポイントをすべて押さえ，全体感を持って完成させることができます。

　このStep 3の事業分析は何のために実施するのかについて，再確認しておき

ましょう。第1の目的は，Step 2の財務分析で抽出されたFCFの増減に影響している事業上の主要因を把握することです。まず，自社の現状の財務状況とその変動要因をしっかりと知ることは不可欠であり，自社の現状が正しく把握できなければ正しい方向に進むことができないことはいうまでもありません。

第2の目的は，自社の改善のネタを探し集めることです。次のStep 4の事業構造の高収益構造化につなげるネタをここでしっかりと集めて準備することです。繰り返しになりますが，「変化はチャンス」の意識，プラス思考を持って使えるネタを多く集めましょう。

そのため，Step 3のプラス要因，マイナス要因の具体的な内容については，その右の欄の「左記の具体的な内容はどのようなことでしょうか？」の箇所に，具体的な内容を記載してください。

具体的内容の説明	
プラス要因	マイナス要因
左記の具体的内容はどんなことでしょうか？	左記の具体的内容・原因はどんなことでしょうか？
1 外部環境	1 外部環境
2 顧客	2 顧客
3 商品	3 商品
4 経営機能	4 経営機能
5 人と組織	5 人と組織

(2) 記入サンプル事例

Step3. 事業構造の状況の整理（＝事業分析からの実態把握）

該当箇所に✔記入又は塗り潰し（複数可）

項目		着眼ポイント	プラス要因		普通・ まあまあ	マイナス要因		該当無不明
			非常によい	よい		悪い	非常に悪い	
事業	1 外部環境	(1) マクロ経営環境（①政治環境、②経済環境）の変化動向は？		✔		✔		
		(2) マクロ経営環境（③社会環境、④技術革新）の変化動向は？		✔			✔	
		(3) 顧客市場の環境変化動向は？		✔				
		(4) 競合環境の変化動向は？				✔		
		(5) 新規参入、代替品の脅威の動向は？				✔		
		(6) 仕入・調達環境の変化動向は？				✔		
		(7) その他の経営環境の変化は？						✔
	2 顧客	(1) 自社の主要顧客・市場の売上高は増加/減少傾向にあるか		✔				
		(2) 自社の主要顧客・市場に他社と比べて大きな特徴（強み/弱み）はあるか		✔				
		(3) 自社の顧客・市場で、近年特に増加傾向のものはあるか	✔					
	3 商品	(1) 自社の主要商品・サービスの売上高は増加/減少傾向にあるか		✔				
		(2) 自社の商品・サービスに他社と比べて大きな特徴（強み/弱み）はあるか	✔					
		(3) 自社の商品・サービスで、近年特に増加傾向のものはあるか						✔
	4 経営機能	(1) 開発・設計業務、機能に(他社と比べて)大きな特徴（強み/弱み）はあるか		✔				
		(2) 購買・仕入業務、機能に(他社と比べて)大きな特徴（強み/弱み）はあるか		✔				
		(3) 生産・製造業務、機能に(他社と比べて)大きな特徴（強み/弱み）はあるか		✔				
		(4) 物流業務、機能に(他社と比べて)大きな特徴（強み/弱み）はあるか		✔				
		(5) 営業・販売・マーケ業務、機能に(他社と比べて)大きな特徴（強み/弱み）はあるか		✔		✔		
		(6) アフターサービス業務、機能に(他社と比べて)大きな特徴（強み/弱み）はあるか						✔
		(7) 人事・労務・管理業務、機能に(他社と比べて)大きな特徴（強み/弱み）はあるか		✔				
	5 人と組織	(1) 会社のビジョン、経営戦略、目標などは明確に設定され、徹底されているか		✔				
		(2) 組織運営上のリーダーシップは、トップ、ミドルとも優れているか	✔					
		(3) 組織運営上のPDCAサイクルは、しっかりと回されているか		✔				
		(4) 社員のモチベーション向上、能力アップの取り組みは十分か						✔
		(5) 社内のタテ・ヨコのコミュニケーションは良好であるか						✔

事例企業では，「1　外部環境」については，プラス要因（機会）とマイナス要因（脅威）がいろいろあります。一方，「2　顧客」「3　商品」「4　経営機能」「5　人と組織」などの内部能力については，プラス要因（強み）が多くあります。

それぞれの具体的な内容については，以下のとおりです。財務・業績が好調

第Ⅱ章　使える「事業性評価シート」のつくり方　67

具体的内容の説明	
プラス要因	マイナス要因
左記の具体的内容は どんなことでしょうか？	左記の具体的内容・原因は どんなことでしょうか？
1　外部環境　外(1)　国内景気環境は比較的安定，良好 外(2)　タブレットオーダー，キャッシュレス精算など省人化技術の普及 外(3)　高齢化，シニア層の増加	1　外部環境　外(1)　中国経済の停滞，人件費の高騰 外(2)　人手不足。特に外食での不足。人件費のアップ。 外(4)　外食，中食含めて競合関係は強く激しい 外(5)　新規参入は多い 外(6)　為替変動，円安によるコストアップ
2　顧客　顧(1)　国内での売上高は増加傾向にある 顧(2)　ファミリー層，若年層からの支持，ブランド力 顧(3)　中国などアジアでの出店，売上高増加	2　顧客
3　商品　商(1)　お客様視点でのサービス強化により国内既存店売上高増加 商(2)　イタリア料理を圧倒的なコストパフォーマンスで提供	3　商品
4　経営機能　経(1)　メニュー開発は継続して実施 経(2)　福島県に100万坪の自社農場 経(3)　主力商品であるハンバーグとミラノ風ドリアのためにオーストラリアに自社工場 経(3)　国内5工場（カミッサリー，セントラルキッチン） 経(4)　野菜を鮮度を保って店舗に輸送するコールドチェーンシステム 経(5)　効率化した店舗オペレーション 経(7)　創業当時から給与水準アップを目標，業界では高い水準	4　経営機能　経(5)　人手不足による人件費アップが想定される
5　人と組織　組(1)　経営理念へのこだわり，浸透は非常に強い 組(2)　経営トップへの信頼は強い 組(3)　理系出身者が多くPDCA，科学的経営をしっかり行っている	5　人と組織

な企業の場合には，プラス面が多くなる傾向があり，不調な企業の場合にはマイナス面が多くなる傾向があります。

6. Step4：「財務の現状」と「事業の現状」からの重要経営課題と改善ストーリーの検討

Step4．「財務の状況」と「事業の状況」からの重要経営課題と改善ストーリーの検討
（財務分析と事業分析を結び付けての重要経営課題・改善ストーリーの検討）

Step4－1．【過去～現状の財務状況変化の主要因は？】
・財務面がなぜよいか／なぜ悪いか なぜ安定しているかの主要因は何か？ 必ず5つのポイントについて記載して下さい。
・財務面がなぜよいか／なぜ悪いか の主要因は何か？ を明確に整理して把握します。
　①売上高の増減要因？
　②変動費率の変動要因？
　③固定費の増減要因？
　④運転資金の増減要因？
　⑤投資の増減要因？

Step4－2．【自社の強み（利益・競争力の源泉）とそれを生み出す経営資源の把握＝戦略の軸・柱を明確にしてください】
　1　当社の利益の源泉，強みは何でしょうか？ 現在の主要なお得意先様（顧客）は，競合企業が数多くある中で，なぜ当社を選んでお取引をされているのでしょうか？＝「強み」。
　2　また，その「強み」はなぜ当社で実現できているのでしょうか？＝「強みを生み出す経営資源は？ 特長は？」
　　●開発・設計業務，機能
　　●購買・仕入業務，機能
　　●生産・製造業務，機能
　　●物流業務，機能
　　●営業・販売・マーケ業務，機能
　　●アフターサービス業務，機能
　　●人事・労務・管理業務，機能
　　●その他機能

Step4－3．【今後に目指す事業構造の検討】：よい点を伸ばす課題，悪い点を改善する課題，目指す姿を実現する課題は？
　a．顧客市場（誰に）
　　　自社の強み・提供価値が，認められる，望ましい「ターゲット顧客市場(誰に)」の改善・強化は？
　b．商品・サービス（何を）
　　　自社の強み・提供価値が，活かされる「商品・サービス（何を）」の改善・強化は？

> c. 経営機能（どのように）
>   自社の強み・提供価値を強化するための自社の「経営活動（どのように）」の改善・強化は？
> Step4-4.【今後に成果として目指す財務構造の検討】≒目指す事業構造（誰に・何を・どのように）により，財務構造（①売上高，②変動費率，③固定費，④運転資金，⑤投資）をどう高収益構造化し経常利益，FCFを増加させることができますか？
>   ①売上高の改善
>   ②変動費率の改善
>   ③固定費額の改善
>   ④運転資金（売上債権）（棚卸資産）回転期間の改善
>   ⑤効果的な投資の改善

(1) シートの内容，活用ポイント（Step4の全体像）

① Step4がシートのコア部分

　いよいよここからが，本格的な思考が求められる部分になります。Step3までは，このStep4で本格的に思考するための情報を集め準備する段階ともいえます。

　Step3までの内容は，各金融機関で作成されている事業性評価シートで求められる情報と大きな差はないと思います。しかし，このStep4以降の部分については，なかなか形式知化することが難しく，「情報は集めたけど，これをどう活かして重要経営課題の抽出，改善策の検討などに結び付けていけばいいのか」といった，現場の法人営業担当者の声が多く聞かれる部分だと思います。実際，さまざまな金融機関の事業性評価シートでも，この部分について，どう論理展開して，重要経営課題の抽出，改善策の検討までのストーリーをシート上に表現したらよいのかについては明確に示されておらず，迷っている部分となっていると思います。しかし，ここが事業性評価におけるコアであり，最も重要な部分です。

② 経営課題とは何か

　Step4では，【今後の重要経営課題は何か】，すなわち戦略テーマを考えます。この部分は，経営に関する思考の根幹に関わる部分です。戦略に絶対的な正解

はありませんが，論理性，一貫性のない戦略は成功確率が低いものになるといえます。

　まず，「経営課題」とは何かについて，考えを整理しておく必要があります。ここでは，わかりやすさを優先して「今後，いかに自社を儲かるようにするのか」と定義しています。「儲かる」とは，PLの収益構造で考えれば「いかに経常利益を増やすか」であり，BS・CFまで含めた財務構造的に考えれば「いかにFCFを増やすか」ということです。しかし，儲かれば何をしてもいいというのでは，長期的に経営を維持することはできません。「儲かる」と「儲ける」とは違います。「儲ける」ために数値成果を最優先にすると，どうしても短期的な売上高，利益を求めて無理な販売，無理なコストダウンなど，経営活動に歪みが出やすいといえます。まず「儲かる」ように自社のお客様，商品・サービス，活動などを改善することが大切であり，「結果として儲かるように自社をどうするのか」を考えるのが正しい方法です。言い換えれば，結果，成果としての安定的な「財務構造の高収益構造化」は，原因，要因となる「事業構造の高収益構造化」によってのみ達せられるということです。

③　Step 4のサブステップ

　次に，このStep 4のサブステップ，ストーリーについて見てみましょう。
　Step 4 − 1：過去〜現状の財務状況変化の主要因は？
　Step 4 − 2：自社の強み（利益・競争力の源泉）とそれを生み出す経営資源の把握
　Step 4 − 3：今後に目指す事業構造の検討
　Step 4 − 4：今後に成果として目指す財務構造の検討
　上記の4つのサブステップで重要経営課題・改善ストーリーを検討しています。それでは，それぞれのサブステップを見ていきましょう。

第Ⅱ章 使える「事業性評価シート」のつくり方 71

図表2－7 Step4のサブステップ

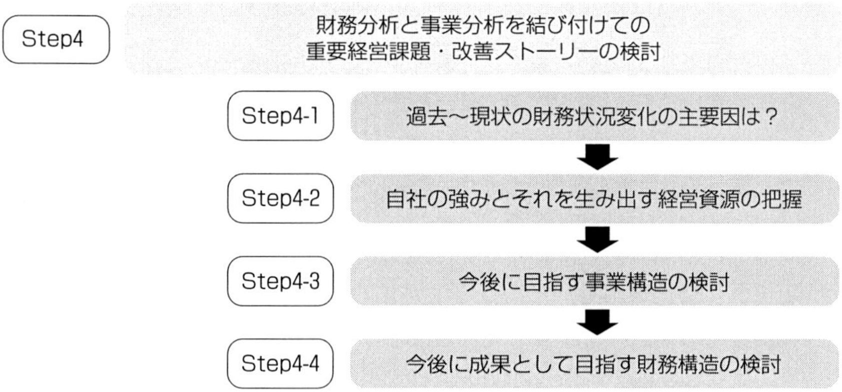

Step4 … 財務分析と事業分析を結び付けての重要経営課題・改善ストーリーの検討

- Step4-1 過去～現状の財務状況変化の主要因は？
- Step4-2 自社の強みとそれを生み出す経営資源の把握
- Step4-3 今後に目指す事業構造の検討
- Step4-4 今後に成果として目指す財務構造の検討

7. Step4－1：過去～現状の財務状況変化の主要因は？

---

① 売上高の増減要因？
② 変動費率の変動要因？
③ 固定費の増減要因？
④ 運転資金の増減要因？
⑤ 投資の増減要因？
・財務面がなぜよいか／なぜ悪いか の主要因は何か？ を明確に整理して把握します。

---

(1) シートの内容，活用ポイント

① **財務面がなぜよいか／なぜ悪いかの主要因を明確にする**

事業分析の目的の1つに，財務構造の数値が変化（悪化，改善，安定）した

要因，理由を把握することがありました。ここは財務分析と事業分析が結合する部分です。Step 2 の財務分析で，儲けを表すFCF，経常利益の変化の主要因が，財務構造の5つのポイントである①売上高，②変動費率（限界利益率），③固定費，④運転資金，⑤投資，のどこにあるかがピックアップされています。その主要因について，Step 3 の事業分析でピックアップされた「1　外部環境」「2　顧客」「3　商品」「4　経営機能」「5　人と組織」のどこにどんな主要因があるのかを結び付けます。

　Step 2 で財務構造の数値がよくなっている場合には，Step 3 の事業構造の状況の把握の各項目のプラス要因（非常によい，よい），財務構造の数値が悪化している場合には，Step 3 のマイナス要因（非常に悪い，悪い）に，必ずその要因が表れているはずです。なぜなら，繰り返しになりますが，財務分析と事業分析は同じ対象企業を，違う視点，切り口から分析しているだけであり，事業構造の変化の結果が財務構造の変化に表れるという関係性があるからです。もし，Step 2 の財務構造の変化の主要因が，Step 3 の事業構造の変化に見つけられない場合には，Step 2 もしくはStep 3 のいずれか，もしくは両方に大きな分析や情報収集の不足があると想定されます。

② 事業分析から財務構造の見込み，改善イメージを考える

財務構造の過去実績と見込み，改善イメージ

	実績	見込み	改善方向	重要度
①売上高				
②変動費（率）				
③固定費（額）				
経常利益				
④運転資金（回転期間）				
⑤投資				
FCF				

↗→↘矢印で変化を表現してください。「重要度」の欄は
◎最重要，○かなり重要，△ある程度重要

　Step 2 で行った財務分析で，5 つのポイントの「実績」の傾向の主要因は，Step 3 の事業分析で見えてきているはずです。また，今後の「見込み」も，これまでの傾向と Step 3 の今後の経営環境変化の項目などから検討してみます。

　そして実績と見込みを踏まえて，今後の改善方向と，今後の儲け（経常利益や FCF）を増やすための重要度を考えます。

　分析の過程で，常に財務の 5 つのポイントを意識しておくことは，財務的な効果や改善計画をイメージすることにもなります。

(2) 記入サンプル事例

① 財務面がなぜよいか／なぜ悪いかの主要因を明確にする

Step4－1.【過去～現状の財務状況変化の主要因は？】
・財務面がなぜよいか／なぜ悪いか　なぜ安定しているかの主要因は何か？　必ず5つのポイントについて記載して下さい。
・財務面がなぜよいか／なぜ悪いかの主要因は何か？　を明確に整理して把握します。

①売上高の増減要因？　①売上高は，お客様視点でのサービス強化により客数増加で，既存店売上高は増加。
　　　　　　　　　　　　国内は目標であった1,000店舗を超え，中国などアジアでの新規出店が増加して新規出店売上高が増加している。

②変動費率の変動要因？　②限界利益率は，為替変動リスクの中で，調達方法の工夫，ヘッジ契約などにより概ね安定的に推移している。

③固定費の増減要因？　③固定費は，主に中国などアジアでの出店に伴い人件費，設備関連費用などが増加している。

④運転資金の増減要因？　④運転資金は原則として，現金商売，在庫は食材が多いことなどから回転期間は短く大きな資金負担となるものではなく，回転期間も大きな変動はない。
　　　　　　　　　　　　但し，店舗増加，売上高増加により金額は増加している。

⑤投資の増減要因？　⑤投資は，店舗出店，工場関連の投資が主なものである。毎期一定の投資が行われている。

② 事業分析から財務構造の見込み，改善イメージを考える

　「実績」と「見込み」の傾向および今後の「改善方向」と「重要度」について検討した結果が，以下のとおりです。売上高については，国内での出店スピードが落ち，中国などアジアエリアへシフトしているため，増加傾向がやや低下するのではないか，固定費は人手不足のため人件費の高騰が見込まれるのではないか，その他は同様の傾向が続くのではないか，と考え，その結果，経常利益は増加するが，増加率はやや停滞するのではないかと見込みました。
　そのため改善方向としては，好調な業績を維持するために，売上高の増加対策と，人件費増加が想定される中での固定費の増加抑制策，今後も想定される

出店投資の効果維持などを重要度「◎」としています。

財務構造の過去実績と見込み，改善イメージ

	実績	見込み	改善方向	重要度
①売上高	↗	↗	↗	◎
②変動費（率）	→	→	→	○
③固定費（額）	↗	↗	↗	◎
経常利益	↗	↗	↗	
④運転資金 （回転期間）	→	→	→	△
⑤投資	→	→	→	◎
FCF	↗	↗	↗	

↗→↘矢印で変化を表現してください。「重要度」の欄は
◎最重要，○かなり重要，△ある程度重要

8. Step4－2：自社の強み（利益・競争力の源泉）とそれを生み出す独自の経営資源の把握

(1) 当社の利益の源泉，強みは何でしょうか？　現在の主要なお得意先様（顧客）は，競合企業が数多くある中で，なぜ当社を選んでお取引をされているのでしょうか？＝「強み」。

(2) また，その「強み」はなぜ当社で実現できているのでしょうか？＝「独自資源」

●開発・設計業務，機能　●購買・仕入業務，機能　●生産・製造業務，機能　●物流業務，機能　●営業・販売・マーケ業務，機能　●アフターサービス業務，機能　●人事・労務・管理業務，機能　●その他機能

1 強み（当社の利益の源泉，強みは何か？）

(1) シートの内容，活用ポイント

① 強みとは，お客様から選ばれる理由である

　自社の利益はどこから来る（得られる）のでしょうか？　得意先には自社と継続して取引をする義務はありません。多くの競合企業がある中で得意先に選ばれて，商品・サービスを自社から買っていただくことによって，はじめて利益が得られています。

　皆さんが顧客の立場で購入先を選ぶ時には何が必要でしょうか。それには「そこを選ぶ理由」が必要です。皆さんが日常生活で食事場所や必要なものを買うお店や商品を決めるときには，何かしらの決めた理由があるはずです。しかし，中にはなんとなく好きといったあいまいな理由もあるかもしれません。

　一方，ビジネスにおける取引，特にBtoBの法人間取引には，より合理的な理由があることが多いと思います。その選ばれる理由があって，取引が売上高という収益になります。それが「利益の源泉」であり，「強み」となるといえます。

　この「強み」という言葉は，事業性評価でよく使われますが，強みとは「メインターゲットとなるお客様から選ばれる理由」です。取引先に「御社の強みは何ですか？」と聞くだけでは，この強みはなかなか把握できません。その場合は「現在の主要なお得意先様（例えば得意先のA社）は，競合企業が数多くある中で，なぜ当社を選んで長くお取引をされているのでしょうか？」と聞いてみる必要があります。B社はどうか，C社はどうかなどと聞いていくと，共通する強みが見えてきます。あるいは複数の強みが見えてくることもあります。

　もし，担当取引先自身が自社の強みは何なのかがよく理解できていない場合には，今後磨いていくべき利益の源泉，すなわち事業性の源泉が不明確であるということになります。それは，事業戦略の中核となるべき軸が不明確である

ということです。これでは，一貫性のある本格的な事業戦略を構築することはできません。

実は，この強みがしっかりと認識できていないケース，環境変化の中であいまいになっているケースが多いのです。その場合は，ぜひ，社内でじっくりと考えてもらったり，主要得意先に当社を選んでいる理由を聞いてもらうなどのアドバイスをしてください。それは，担当取引先にとっても大変意味あることです。

② 強みは大きく3つの区分にグルーピングされる

その「選ばれる理由」は，大きく3つの区分にグルーピングされます。

1つ目は「特定の顧客との密着した関係」です。特定のお客様との長い取引関係から，どこよりもかゆいところに手が届くようなレスポンスのよい関係性を持っているということです。馴染みの飲食店や理髪店などで「いつものように…」とだけ言えば求めていることが伝わる関係性です。中小企業では，この区分に関わる強みを持つケースが多く見られます。これを「顧客軸」の強みといいます。

2つ目は「独自の商品・サービスの魅力」です。「やっぱりあそこの商品が優れているね」と言われるようなことです。中小企業，特に製造業でこれを目指したいと思っている企業は多いでしょう。特定分野での技術力が強みという会社があれば，それがどう商品やサービスの魅力につながって，得意先に選ばれているのかを具体的に聞いてみましょう。これを「商品軸」の強みといいます。

3つ目が「経営機能（オペレーション）面での優位性，魅力」です。特定の顧客に対してではなく，多くの顧客に対して，商品，サービス提供をスピーディーに，一定の品質で提供できるということです。個人的な好みはあると思いますが，マクドナルドや吉野家などは，特別においしい食事を求めて選ぶというより，一定の満足を得られる食事をよりスピーディーに得ることができる点で選ばれていると思います。これを「オペレーション軸」といいます。この

強みは，業界のリーダー企業や大手企業に見られるケースが多いといえます。

事業性評価シートでも，当社の強みを3区分で整理してみることを求めています。会社にはさまざまなよい点，特長，強みと思われるものがあります。そのどれが一番重要であり，どの軸でメインとなるお客様に選ばれているのかを区分すると，会社の強みがさらに明確に見えてくるようになります。そして，その強みの具体的な内容を記載してみてください。

(2) 記入サンプル事例

●当社の強みを以下の3区分で検討してください。

顧客軸	商品軸	オペレーション軸
△	○	◎

◎最重要，○かなり重要，△ある程度重要

●具体的な強みについて説明して下さい。
イタリア料理をおいしく低価格で提供。
「おいしさ」：毎日食べても飽きない。組み合わせで倍増するコーディネーション。
価格：「びっくりするぐらい」，喜んでもらえる価格

事例企業では，イタリア料理をおいしく低価格で提供することが当社の魅力であるとしています。「おいしさ」とは，高級フレンチとは違う毎日食べても飽きない独自のおいしさを意味し，コースメニューでなく，単品メニューの組み合わせで顧客の好みに合わせることができるコーディネーションを提供しています。そして価格は「びっくりするぐらい」，喜んでもらえる価格としています。

これは，特定の顧客に対してではなく，多くの顧客に対して，商品，サービス提供をスピーディーに，一定の品質で提供できる（お客様の立場では，提供できるではなく，受けられるということ）という「オペレーション軸」が最重要「◎」であり，戦略の軸となると分析しました。商品軸については，やはり個々のメニューの品質が重要であることから「○」としました。最後に顧客軸は，チェーンとしてのサービスレベルは高いところを目指すとしても，個別対応などは基本的にしないということで，「△」としました。このように，優先順位をつけることで，戦略の軸がよりはっきりします。

2 独自資源（強みを生み出す経営資源は何か？）

(1) シートの内容，活用ポイント

　次に，それらの「選ばれる理由を生み出す経営資源は何でしょうか？」についても考える必要があります。例えば，「商品の魅力」であれば，それを生み出し支えるための商品開発のしくみであったり，原料調達であったり，製造技術であったり，他社ではなかなか難しいが当社だからこそこの商品を作ることができる理由があるはずです。それを，「強みを生み出す独自の経営資源」として，強みとは別に認識する必要があります。なぜなら，特定の技術などの経営資源を持っていても，それが，十分にお客様が選ぶ理由に生かされていなければ，意味がありません。

　事業性評価において，この独自の経営資源自体を「強み」として認識しているケースも多く見られます。それらは，もちろん利益の源泉となる強みに深く関わっている特長ではありますが，直接的には「お客様に選ばれる理由」とはなっていません。この「強み」と「それを生み出す経営資源」を峻別して把握することが，顧客の立場での価値，魅力を考えることになり，磨き続けるべき選ばれる理由，すなわち儲けの源泉を明確に捉えることになります。例えば，製造面での技術力を強みとしている場合には，「それがどうしてお客様から選ばれる理由につながっているのですか」と聞くことで，経営資源から生み出された「強み」をクリアに把握することができると思います。

　また，強みを記載する場合に「お客様が…」「主要得意先が…」のように主語をお客様にして，お客様が選ぶメリットを記載することでお客様視点での強みを経営資源と峻別してクリアに把握することができます。

(2) 記入サンプル事例

(2) また，その「強み」はなぜ当社で実現できているのでしょうか？＝「強みを生み出す経営資源は？　特長は？」

- ●開発・設計業務，機能
  オペレーションの効率性，生産性を追求した店舗設計
  １店舗売上高が増えすぎると近隣に新規出店して無理のないサービスができるようにしている。

- ●生産・製造業務，機能
  主力商品であるハンバーグとミラノ風ドリア（ホワイトソース）のためにオーストラリアに自社工場
  国内５工場（カミッサリー，セントラルキッチン）

- ●営業・販売・マーケ業務，機能
  効率化した店舗オペレーション
  店舗のスクラップ＆ビルド
  国内および海外すべてが直営店舗

- ●人事・労務・管理業務，機能
  創業当時から給与水準を他産業並みにすることを目標にし，業界では高い水準

- ●購買・仕入業務，機能
  福島県に100万坪の自社農場（品種改良した大玉レタス等）
  店舗での販売予測に基づく野菜安定した計画生産ができる
  ワイン，パスタ，チーズなどをイタリアよりPB商品を直輸入

- ●物流業務，機能
  野菜を鮮度を保って店舗に輸送するコールドチェーンシステム

- ●アフターサービス業務，機能

- ●その他機能
  川上（産地）から川下（店舗）まで一貫して品質管理を行う製造直販システムにより品質と価格を自分たちでコントロールできる。
  ミラノ風ドリア，ハンバーグ，サラダなど35年売り続ける「ベーシック商品」の存在

事例企業においても，オペレーション軸に区分される「イタリア料理をおいしく低価格で提供する（食べられる）」のために，一定品質で低価格を生み出すしくみの構築がなされています。オペレーションの効率性，生産性を追求した店舗設計，効率化した店舗オペレーション，国内および海外すべての店舗が直営であること，福島県に100万坪の自社農場があること，ワイン・パスタ・チーズなどのPB商品をイタリアから直輸入していること，主力商品であるハンバーグとミラノ風ドリアのためのオーストラリアの工場，高い品質の実現と

店舗での調理作業を限りなく軽減，効率化するための国内5工場（カミッサリー，セントラルキッチン），野菜を鮮度を保って店舗に輸送するコールドチェーンシステムなど，「川上（産地）から川下（店舗）まで自社で一貫して品質管理を行う製造直販システム」が構築されています。これにより，品質とコスト，価格を自社でコントロールすることができます。これらの経営資源がすべて，「イタリア料理をおいしく低価格で提供する（食べられる）」というお客様に選ばれる強みにつながっています。この構造がわかれば，ひたすらこの強みを磨くために，それを生み出す経営資源をレベルアップ，磨いていくことが，事業構造の高収益構造化のメイン課題であり，一貫性のある事業戦略であることが理解できると思います。

図表2-8 Step4-2の関係性

メインターゲット顧客

―― 強み・選ばれる理由 ――

(1) 当社の利益の源泉，強みは何でしょうか？ 現在の主要なお得意先様（顧客）は，競合企業が数多くある中で，なぜ当社を選んでお取引をされているのでしょうか？ ＝「強み」。

● 当社の強みを以下の3区分で検討してください。

顧客軸	商品軸	オペレーション軸
△	○	◎

◎最重要，○かなり重要，△ある程度重要

● 具体的な強みについて説明して下さい。

イタリア料理をおいしく低価格で提供。
「おいしさ」：毎日食べても飽きない。組み合わせで倍増するコーディネーション。
価格：「びっくりするぐらい」，喜んでもらえる価

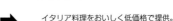

―― 強みを生み出す経営資源 ――

(2) また，その「強み」はなぜ当社で実現できているのでしょうか？＝「強みを生み出す経営資源は？ 特長は？」

● 開発・設計業務・機能
オペレーションの効率性，生産性を追求した店舗設計
1店舗売上高が増えすぎると近隣に新規出店して無理のないサービスができるようにしている。

● 生産・製造業務・機能
主力商品であるハンバーグとミラノ風ドリア（ホワイトソース）のためにオーストラリアに自社工場
国内5工場（カミッサリー，セントラルキッチン）

● 営業・販売・マーケ業務・機能
効率化した店舗オペレーション
店舗のスクラップ＆ビルド
国内および海外すべてが直営店舗

● 人事・労務・管理業務・機能
創業当時から給与水準を他生産業並みにすることを目標にし，業界では高い水準

● 購買・仕入業務・機能
福島県に100万坪の自社農場（品種改良した大玉レタス等）
店舗での販売予測に基づく野菜安定した計画生産ができる
ワイン，パスタ，チーズなどをイタリアよりPB商品を直輸入

● 物流業務・機能
野菜を鮮度を保って店舗に輸送するコールドチェーンシステム

● アフターサービス業務・機能

● その他機能
川上（産地）から川下（店舗）まで一貫して品質管理を行う製造直販システム
により品質と価格を自分たちでコントロールできる。
ミラノ風ドリア，ハンバーグ，サラダなど35年売り続ける「ベーシック商品」の存在

9. Step4－3：今後に目指す事業構造の検討

> a．顧客市場（誰に）　b．商品・サービス（何を）　c．経営機能（どのように）
> ① 自社の強み・提供価値が，認められる，望ましい「ターゲット顧客市場（誰に）」の改善・強化は？
> ② 自社の強み・提供価値が，活かされる「商品・サービス（何を）」の改善・強化は？
> ③ 自社の強み・提供価値を強化するための自社の「経営活動（どのように）」の改善・強化は？

(1) シートの内容，活用ポイント

① 事業構造を構成する3要素をいかに改善するか

　事業経営においては，「顧客（誰に）」「商品・サービス（何を）」「経営機能（どのように）」の3つを儲かるように常に磨き続けることが求められます。この3つとも重要ですが，その中で特に自社の強み，すなわち顧客から選ばれる理由となるものについては，戦略の柱に位置付け，最優先で磨きに注力する必要があります。

　事業性評価シートでも，全体感を確保し，この3つすべてについてどう改善するのか，そして，その中で強みとして最も重点を置いて磨くものはどれかを考えることを求めています。3つの構成要素からなる事業構造をどう儲かるようにするかの設計図を描くイメージです。

　事業構造の高収益構造化の設計図を書くためには，問題点，悪いところはどこかというあら探しの意識だけでは困難です。よい点を伸ばす課題，悪い点を改善する課題，目指す姿を実現する課題，の3つの課題の視点を持って考える

必要があります。特に，業績がよい企業の場合には，よい面をどう維持，伸長させるのか，目指す姿をどう実現させるかなどの視点が，より重要となります。

② 各要素ごとの検討項目

シートでは，「a．顧客市場（誰に）」で，①自社の強み・提供価値が，認められる，望ましい「ターゲット顧客市場（誰に）」の改善・強化について検討することを求めています。既存顧客で注力すべき顧客市場，新規に開拓すべき顧客市場はどこなのかを検討し，できるだけ具体的に記載してください。

「b．商品・サービス（何を）」では，②「自社の強み・提供価値が，活かされる商品・サービス（何を）の改善・強化は？」について検討を求めています。既存商品・事業で注力すべきもの，新規に開拓すべき商品・事業はどこなのかを検討し，できるだけ具体的に記載してください。

「c．経営機能（どのように）」では，③「自社の強み・提供価値を強化するための自社の「経営活動（どのように）」の改善・強化は？」について検討します。ただし，この経営機能の強化に関しては，「a．顧客市場（誰に）」，「b．商品・サービス（何を）」の強化ポイントを検討した後，最後に検討する項目であることに注意してください。例えば，経営機能面で，営業力が弱くなっており，今後営業力の強化が必要であるとの結論が出たとしても，どのようなお客様に，どのような商品・サービスを提供するのかの重点強化ポイントが決まっていないと，どのようなお客様に，どのような商品を買ってもらうために，具体的にどのような営業のやり方を強化していかなければならないかがわからないからです。

実際に金融機関で作られた事業性評価シートでは「営業力強化」などの課題を挙げているケースも多いですが，その具体的な内容をお聞きすると，明確に答えていただけないケースが多くあります。これは，顧客や商品面での重点強化ポイントが決まっていないからです。商品開発，調達，製造，物流などのその他機能の強化にあたっても，同様に「a．顧客市場（誰に）」，「b．商品・サービス（何を）」の重点が決まってから，それを支える活動をどう強化する

のかを考えることになります。したがって、この経営機能の強化は、「a．顧客市場（誰に）」、「b．商品・サービス（何を）」の強化ポイントを検討した後に、具体的にどうするのかを検討して記載してください。

(2) 記入サンプル事例

a．顧客市場（誰に）
　　自社の強み・提供価値が，認められる，望ましい「ターゲット顧客市場(誰に)」の改善・強化は？
　　国内で増加する高齢者，シニア層への対応強化
　　店舗サービスレベルの更なる強化による国内既存店売上高の維持，増加
　　2010年に出店した九州，未出店の四国への出店。
　　中国，その他アジアへの出店

b．商品・サービス（何を）
　　自社の強み・提供価値が，活かされる「商品・サービス（何を）」の改善・強化は？
　　魅力的なメニュー（商品）の継続的な開発
　　既存メニューの更なる魅力アップ

c．経営機能（どのように）
　　自社の強み・提供価値を強化するための自社の「経営活動（どのように）」の改善・強化は？
　　国内5工場（カミッサリー，セントラルキッチン）の更なる生産性向上
　　中国などアジア地域での高レベルでの工場体制の構築
　　店舗サービスレベルの更なる強化による国内既存店売上高の維持，増加
　　中国などアジア地域での高レベルでの店舗サービス向上
　　人件費が高騰する中での更なる店舗オペレーションの効率アップ（オペレーション省人化技術）
　　為替の影響のヘッジなどによる変動費率の維持

　事例企業においては，「a．顧客市場」については，国内既存店，シニア層への対応と中国アジアへの出店などについて，さらなる拡大を目指しています。「b．商品」については，メニュー開発は継続的に行いますが，基本的には既存メニューの品質改善，展開するアジア市場での品質改善などが課題としました。「c．経営機能」については，拡大する中国アジア市場での店舗，工場，物流などのレベルアップが重要な課題としました。特に国内，海外ともに人件

費が高騰する中でのさらなる店舗オペレーションの効率化については，当社の強みである「びっくりするぐらいの価格」を維持するために重要な課題と考えています。

10. Step4－4：今後に成果として目指す財務構造の検討

> 目指す事業構造（誰に・何を・どのように）により，財務構造（①売上高，②変動費率，③固定費，④運転資金，⑤投資）をどう高収益構造化し経常利益，FCFを増加させることができますか？
> ①売上高のさらなる増加　②変動費率の改善　③固定費　④運転資金回転期間の改善　⑤投資の効果アップ

(1) シートの内容，活用ポイント

① Step4の全体構成ストーリー

Step4－1で，財務分析上の重要な変化の事業上の要因を把握し，事業分析から財務構造の見込み，改善イメージを考えました。

Step4－2では，今後の事業戦略を考えるうえでの中核・大黒柱となる「強み（お客様から選ばれる理由）」と「それを生み出す経営資源」を明確にしました。

その後，Step4－3では，経営課題は，「今後，いかに儲かるようにするか」ということと定義し，Step4－1, 4－2を踏まえて「顧客（誰に）」「商品・サービス（何を）」「経営機能（どのように）」から構成される「事業構造」の高収益構造化を検討しました。

財務は結果・成果であり，事業はその原因・要因となるものです。Step4－4では，Step4－3の事業構造の高収益構造化の設計図の結果が，財務構造の

高収益構造化にどう結びついて，どのような成果の実現を目指すのかの財務構造の設計図を描くことになります。

事業構造の改善を財務数値に落とし込むことで，現実味がかなり出てくることになります。逆にいうと，それができていないために，事業構造の高収益構造化と，財務構造との結びつきが不明確な，拡散した抽象的な改善設計図となっているケースが多いということです。建築物の設計においても，イメージ図と詳細な施工設計図があります。この事業構造の高収益構造化と財務構造の高収益構造化の2つの設計図が一体化したものとして示されることで，具体性のある実現性の高い事業戦略が構築されるのです。

② **事業構造の改善策が財務構造の改善にどう結びつくのか明らかにする**

事業性評価シートのStep4－4では，Step4－3の事業構造の改善の結果が，財務構造の5つの各項目にどうつながるのか，それぞれの改善具体策の記載を求めています。

事業構造と財務構造は原因と結果の関係にありますので，財務上の課題と事業上の課題は同一の課題に収斂されることになります。すなわち，Step4－3の事業構造の改善課題が必ず財務構造の改善に結び付くことになります。言い換えれば，Step4－3の事業構造の3つに区分した改善課題を，Step4－4では，財務構造の5つのポイントに整理し直すということです。これにより，事業面の課題と財務面の課題が有機的に結び付くことになります。そして，Step4－3の事業構造からの改善課題が，確かに儲けである財務的効果につながっているかを確認することができます。5つのポイントの複数の項目に影響を与える場合には，主要なインパクトのある項目の箇所に記載してください。複数に重要なインパクトがある場合には，複数の記載場所に記載してもOKです。

そして，Step4－1で記載した財務構造の改善イメージとの一致を確認し，必要があれば修正します。

(2) 記入サンプル事例

①売上高の改善
　お客様視点でのサービスレベルのアップによる既存店売上高の増加（客数増加）
　国内で増加する高齢者，シニア層への対応強化
　2010年に出店した九州，未出店の四国への出店。
　中国，その他アジアへの出店
　魅力的なメニュー（商品）の継続的な開発
　既存メニューの更なる魅力アップ

②変動費率の改善
　為替の影響のヘッジなどによる変動費率の維持

③固定費額の改善
　国内5工場（カミッサリー，セントラルキッチン）の更なる生産性向上
　中国などアジア地域での高レベルでの工場体制（セントラルキッチン）の構築
　店舗サービスレベルの更なる強化による国内既存店売上高の維持，増加
　中国などアジア地域での高レベルでの店舗サービス向上
　人件費が高騰する中での更なる店舗オペレーションの効率アップ（オペレーション省人化技術）

④運転資金（売上債権）（棚卸資産）回転期間の改善

> ⑤効果的な投資の改善
>   2010年に出店した九州，未出店の四国への出店。
>   中国，その他アジアへの出店

　この事例企業のケースでは記載できていませんが，実際の担当企業の場合には，それぞれの具体策について，どの程度を目標に行うのかの定量的なイメージも聞いておきたいところです。例えば，①売上高の改善のところの出店であれば，国内でどのくらい出店し，中国やアジアでどのくらい出店するのかの店舗数などです。また，③固定費額の改善のところでの工場体制，セントラルキッチンの構築では，具体的にいつ，いくらぐらいの設備投資を行うのか，人件費などの増加はどのくらいか，などです。それらの情報をもとに，事業計画の概要イメージが策定できると，より今後の事業の方向性が明確になります。

11. Step5:金融機関としてのサポート策の検討と提案

Step5．金融機関としてのサポート策の検討とご提案

会社の経営課題・改善方向		金融機関としてのサポート策
	⇒	
	⇒	
	⇒	
	⇒	
	⇒	
	⇒	

(1) シートの内容，活用ポイント

　Step4までで，取引先の現状と事業戦略上の強み，目指す事業構造と財務構造が明確になっています。ここまでは，自分が取引先の社長だったらという立ち位置で考えることが重要でした。どうしても自社中心で視野が狭くなりがちな経営者にとって，当事者意識を持ちながら第三者としての客観性も持った見方ができる人は非常に重要な存在です。それが，取引先に価値あるパートナーとして認識してもらう非常に重要なポイントです。

　Step4－3，4－4の項目が会社の経営課題，すなわち今後，いかに儲かるようにするかのための取組事項になります。ここまでに会社の経営課題・改善方向性が出されていますので，それに対して，金融機関として何ができるのかのサポート策を検討することになります。あくまで，会社の経営課題・改善方向性をベースに考えます。したがって，重要な課題から順番にすべての経営課題に対して何かできることがないかを考えてください。今すぐはなくとも，今

後の長い取引の中でさまざまなサポート支援のチャンスは出てきます。これが一般にいわれる提案営業，ソリューション営業です。

　この部分は，金融機関自身が考えることも重要ですが，取引先から「こんな支援をしてもらえないか」「こんなことお願いできないか」などの意見をもらってサポート策を考えるのがベストであると思います。事業性評価シートを取引先と一緒に考え，作ってきていれば，関係性，親密性はかなり深くなっているはずです。その関係性から，取引先からのさまざまな経営課題に関する要望，相談が金融機関になされるようになっていることが期待されます。

(2) 記入サンプル事例

Step5. 金融機関としてのサポート策の検討とご提案

会社の経営課題・改善方向		金融機関としてのサポート策
2010年に出店した九州，未出店の四国への出店。中国，その他アジアへの出店	⇒	新規出店候補地の紹介，店舗投資支援
お客様視点でのサービスレベルのアップによる既存店売上高の増加（客数増加） 中国などアジア地域での高レベルでの店舗サービス向上 国内で増加する高齢者，シニア層への対応強化	⇒	店舗サービスレベルの現状調査，レベルアップのしくみ支援（ミステリーショッパー，専門家支援など）
魅力的なメニュー（商品）の継続的な開発 既存メニューの更なる魅力アップ	⇒	メニュー開発支援（開発人材紹介支援，食材ビジネスマッチングなど）
中国などアジア地域での高レベルでの工場（セントラルキッチン）体制の構築 国内5工場（カミッサリー，セントラルキッチン）の更なる生産性向上	⇒	生産体制構築に関するサポート（設備投資支援，ビジネスマッチング，専門家支援など）
人件費が高騰する中での更なる店舗オペレーションの効率アップ（オペレーション省人化技術）	⇒	IOT，AI技術関連業者の紹介，設備投資支援
為替の影響のヘッジなどによる変動費率の維持	⇒	ヘッジ商品関連の紹介

　モデル企業となっているサイゼリヤのレベルになると，自社でさまざまなノウハウを持っており，金融機関としてサポートできることは限られるかもしれません。しかし，取引先企業との取引は，関係性が良好であれば永遠に続くものであるといえます。事業内容を理解し，経営課題を共有できていれば，変化する経営環境の中でさまざまなサポート支援の機会が必ず出てくると思います。

　中小企業の場合には，さらにさまざまなサポート支援の可能性が大きいといえます。

12. 事業性評価シートの分析ストーリーのまとめ

最後に，Step1～5までの事業性評価シートの分析ステップとストーリーについて再度確認をしておきます。

図表2-9　分析ステップと主な検討事項

Step1：事業内容・目指す姿の整理
（事業内容・目指す姿の把握）

◇事業内容が自分自身で具体的にイメージできるようにする。
◇経営判断の基準ともなる経営理念などの目指す姿を理解する。
◇ビジネスモデルからPLやBSをある程度イメージする。

Step2：財務構造の状況の整理
（財務分析からの実態把握）

◇FCFの変動状況，要因をブレイクダウンして分析する。
◇FCFの変動の主要因は，財務の5つのポイントのどこにあるか把握する。

Step3：事業構造の状況の整理
（事業分析からの実態把握）

◇全体感のあるポイントに沿って，FCFの変動の主要因，今後の外部経営環境の変化，今後の経営改善のネタを集める。
◇SWOT分析で整理

Step4：財務分析と事業分析を結び付けての
重要経営課題・改善ストーリーの検討

◇1．FCFの変動の主要因を把握。
◇2．自社の強みとそれを生み出す経営資源の把握
◇3．目指す事業構造の検討
◇4．今後に成果として目指す財務構造の検討

Step5：金融機関としてのサポート策の検討
とご提案

◇すべての経営課題に対してサポート支援できることはないか

図表2-10　分析ストーリーの全体像

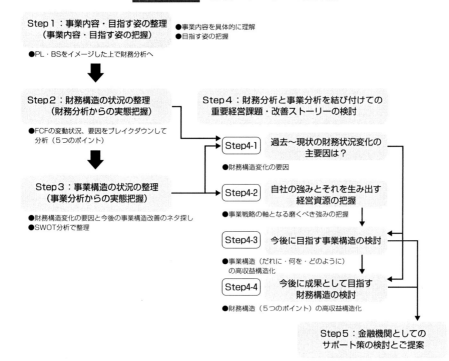

13. 事業性評価シートの継続的なアップデートこそが大切

　各金融機関においては，事業性評価シートを，まずは重要な先について作成していくという方針で進め，シートの作成取引先もかなり増えているところかと思います。

　しかし，事業性評価シートを1回作っただけで終わってしまったら，ほとんど意味がありません。経営環境の変化の中で取引先の事業性は常に変化します。今後，どのようにアップデートしていくかが次の課題となります。このアップ

デートのルールについては，まずは，最低年1回，決算書の入手のタイミングに合わせて行う必要があると思います。

　この定期的なアップデートの意味合いですが，金融機関にとっては，定期的な取引先とのコミュニケーション機会であり，財務・事業の実態把握，経営者との情報共有，そして資金提供や助言などのチャンスとなります。金融機関の担当者は定期的に交代しますので，交代のタイミングで多少の引継ぎはありますが，取引先は，また最初から自社の業務内容を説明し理解してもらうことから始める必要がありました。これが事業性評価シートの定期的なアップデートにより，相当程度改善されると思います。

　また，取引先にとっても，自社の経営実態および今後の方針の定期的なチェックとブラシュアップの機会となり，大変意義のあるものになりうると思います。決算書を入手して，Step 2の財務分析のところは，金融機関がアップデートして，その状態で取引先にシートを渡し，実態および方針の変更点などを見てもらって取引先と一緒にアップデートすることが効果的かつ効率的であると思います。やはり，事業性評価シートは，金融機関だけのものではなく，しっかりと取引先と共有化してこそ，大きな意味があると思います。

　医療業界では診察カルテは患者のものという考え方があり，患者自身が主体となった治療，医療が必要であるとの考えがあります。各金融機関が中小企業に対するコンサルティング能力を高めていくためには，事業性評価シートを活用して，定期的な事業経営に関するコミュニケーションをとるしくみ作りが有効であると思います。

　しかしながら，この取組みは取引先にとっても負荷がかかりますので，本格的かつ継続的に取引先と事業経営に関するコミュニケーションをとるに値する金融機関は，取引金融機関の中で1つか2つ程度に絞られると思います。そのようなポジション，関係性を早期に構築する必要があるでしょう。

　担当取引先と一緒に事業性評価シートをブラシュアップすることは，取引先の経営力の継続的なレベルアップに直結し，成果である業績アップにいずれつながるはずです。その結果として，取引金融機関の資金などの活用が活発化

することにつながります。
　事業性評価シートの継続的なアップデートこそが，事業性評価シートを活用して金融機関自体の事業構造を高収益構造化するために大切であるといえます。

経営のあれこれコラム

■本当の財務分析能力とは何か

　財務分析をする場合，収益性や安全性，生産性や損益分岐点分析などのさまざまな経営指標を算出し，業界平均などと比較して，よい・悪い，健康診断のように点数化したデータ分析などをしているケースが見られます。もちろん，このような分析も意味がないわけではありません。しかし，言い方は悪いかもしれませんが，それは誰にでもできること，見ればわかることであり，分析としての価値は低いといわざるを得ないと思います。

　事業性評価において，財務分析は何のために行うのでしょうか。信用格付けなど確率論に基づく一律の与信管理のために使うのであれば，点数化したデータ分析に一定の有効性はあります。しかし事業性評価で，今後の業績改善，事業成長に活かすための分析という観点からは，上記のような分析から有効な示唆を得ることは難しいのではないかと思われます。

　財務は結果であり，その原因は事業実態にあります。財務数値の悪化，改善などの変化の裏には，必ず事業実態の変化があります。商品売れ行き動向，顧客動向，自社機能の変化などです。「財務＝事業」です。したがって，財務分析の結果から抽出された課題と，SWOT分析などのフレームワークを使った事業実態分析の結果から抽出された課題を見れば，必ず表裏一体の関係のある経営課題が抽出されるはずです。それは，同じ分析対象を，「結果」である財務から切り込んで分析するか，「原因」である事業実態から切り込んで分析しているかのアプローチの違いだけだからです。

　財務分析は決して決算書自体を分析しているのでなく，事業を数字の側面から分析しているものです。しかし，分析にあたって，この「財務＝事業」，「結果＝原因」の関係を強く意識した分析を行わないと，一致した表裏一体の経営課題が抽出されないケースも多いのが実情です。

　経営において，「財務分析力がある」とは，決して財務指標を多く知り，その計算や比較ができるということではありません。結果である財務数値の変化

の裏に，商品や顧客や経営機能の変化を予測し，それを仮説・立証できる能力であると考えています。それができるようになれば，財務分析を実施し，経営改善の重要なポイントについて仮説を立て，事業分析からの課題抽出が効率的にできるようになります。それができれば，事業上の経営課題にスピーディーに対策が打て，その結果として財務的な成果をスピーディーに得ることが可能になります。

　本当の財務分析能力とは，財務的な成果に結び付けられる事業分析の仮説能力のことであると考えています。

第Ⅲ章

Step1 理論編
事業内容，目指す姿の把握

ここまで，筆者のこれまでのコンサルティング経験と，日ごろの金融機関の方々から伺う事業性評価に関する悩みをベースに作成した，事業性評価シートの説明をしてきました。

　このシートを作成するにあたっては，その背景になっている考え方やフレームワークなどがあります。本章以降では，ステップごとに，その理論的な背景を中心に説明をしていきます。皆さんがシートを作成するにあたって，この背景を理解することによって分析の論理性，深みが大きく変わってくると思います。前章の当該シートの各ステップの説明に記載されている内容と重複している部分も多くありますが，再度確認することにより，さらに理解を深められると思います。

1. 理解の土台となる事業内容（ビジネスモデル）をしっかりと把握する

　ビジネスモデル図（商流図）は，関係者が事業を理解し，今後の議論のベース（土台）となる資料です。各金融機関には従来から「貸出先概要表」などの名称で主要販売先や仕入先など事業内容を整理した資料があると思います。しかし，表面的，画一的な情報収集の面があり，あまり重要な情報として活用されてこなかったのではないでしょうか。

(1) ビジネスモデル図

　事業性評価においては，前述のとおりビジネスモデル図（商流図）は議論のベース（土台）となる資料であり，非常に重要な資料となります。必ず作成することをお勧めします。

　もちろん，会社のホームページやパンフレットは必ず見ておきましょう。これまで金融機関ではあまり入手されていないようですが，事業内容の全体をもれなく理解するために会社の組織図は，非常に役に立ちますので，入手するこ

図表3-1　まず，理解の土台となる事業内容をしっかりと把握しましょう！

ビジネスモデル図（商流図）は，関係者が事業を理解し，今後の議論のベース（土台）となる資料です。できるだけ具体的にわかりやすく記載する。

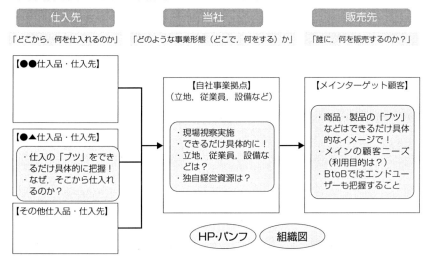

とをお勧めします。コンサルティングにおいて組織図は，最初に入手する必須資料の1つとなっています。組織図を使って「この部署はどんなことをしているのですか」とヒヤリングをすることで，事業内容をもれなく把握できます。

(2) 必ず押さえる3つの情報

ビジネスモデルで必ず押さえなければならないのは，「販売先」「自社事業拠点」「仕入先」などの情報です。ビジネスモデル図を作成すること自体が目的ではないので，その後の事業性評価のための基礎資料として，担当者が自分自身で担当企業の「商売のイメージが頭に具体的に浮かべられる腹落ちしたレベルで作成されているか」ということが重要です。

① 販売先

販売先については，「何を，誰に，販売するのか？」が具体的にイメージで

きるレベルで記載する必要があります。主要商品・製品は何かを具体的に「ブツ」として知ること，実際に見ることは，事業を理解する第一歩となります。メインの顧客とその顧客ニーズ（利用目的），B to Bビジネスではエンドユーザー（最終消費者）も把握することなども注意したいところです。

② 自社事業拠点

　自社事業拠点については，「どのような事業形態（どこで，何をする）か」が具体的にイメージできるレベルで記載する必要があります。工場や店舗などの現場は必ず見ておくべきです。1社1社に特徴がありますので，実際に見ているのと話だけでイメージしているのとでは，事業の理解に大きな差があります。その店舗や工場などの立地，従業員数と業務内容，主要な設備などを把握し，その企業の強みにつながる重要な経営資源は何か，なども検討したいところです。

③ 仕入先

　仕入先については，「どこから，何を仕入れるのか」が具体的にイメージできるレベルで記載する必要があります。各金融機関の貸出先概要表などでは，仕入先の記載は必ず求められる様式になっていますが，仕入品目を記載するようになっていないケースがあります。商売のイメージをつかむためには，必ず仕入の「ブツ」をできるだけ具体的に把握することが重要です。仕入品によって，相場変動があったり，為替の影響を受けたり，棚卸資産回転日数がどのくらいなのかなどが見えてくるものです。事業性評価により今後増加すると思われるABL（動産・債権担保融資）へつなげるためにも，重要なポイントとなります。

　また，仕入先については，なぜ，そこから仕入れるのかも聞いてみると，その仕入先とのつながりが<u>重要な独自経営資源</u>であるケースがあります。生産人口が減少している日本では，よい生産者や技術力の高い外注先などを確保できていることが重要な独自資源となるケースも多いといえます。

(3) 効果的なビジネスモデル図の作成方法

このビジネスモデル図の記載については，ホームページや組織図を参考に金融機関の担当者が作成することも可能ですが，取引先と一緒に聞き取りながら作成するか，できれば事前に記載例を示し，取引先に作成をしておいてもらうことが望ましいといえます。それが効率的であり，重要な見落としがないようにすることもありますが，取引先と一緒に今後の経営課題を考えること，すなわち事業性評価の分析作業を一緒にスタートできることになるからです。

ビジネスモデル図の作成のステップで，どれだけ取引先とコミュニケーションをとり，具体的に作成できるかが，事業性評価の全体の質に大きな影響を与えます。

2. 事業内容を具体的に把握する前は，決算書を見てはいけない！

事業内容を具体的にイメージする前に，先に決算書などの財務数値を見てしまうと，どうしても数値のほうが気になり，数値がよい，悪いといった，財務の範囲での数値分析に思考が終始してしまう傾向があります。これでは，財務数値が先入観なく素直に事業内容を見る邪魔になってしまうことになります。

事業性評価においては順番が逆であるべきです。先にビジネスモデル図などで事業内容を具体的に理解してイメージし，次に決算書などの財務数値を見るのです。そうすれば，商品の利幅が思ったよりいいとか，棚卸回転期間が思ったより悪いとか，さまざまな発想の広がりを持った一体的な分析をすることができます。

これはとても大きな違いです。特に業績が悪い企業の分析において，財務数値を先に見ると，先入観からなぜ悪いのかの「あら探し」ばかりの分析となってしまう傾向があります。それも重要ですが，事業性評価において今後の経営

改善を考えるためには，先入観なく企業を見て，業績改善の柱となるよい点，本来の強みにも十分に意識がいくようにする必要があります。

事業内容をビジネスモデル図などで，具体的に把握する前は，（なるべく）決算書を見ないように心がけましょう。

3. ビジネスモデルを財務構造と結び付けて理解する

(1) 事業内容を財務的に捉える

Step 1 で「事業内容」を理解したら，次に Step 2 で「財務分析からの実態把握」に入ります。Step 1 の事業内容・目指す姿の把握を，次の Step 2 の財務分析からの実態把握に効果的，効率的につなげていくためのコツがあります。それは，Step 1 で事業内容を財務的に捉えておくということです。後述しますが，財務分析では，①売上高，②変動費率，③固定費，④運転資金，⑤投資，の5つのポイントを軸に分析します。そこで，Step 1 の段階でも，ビジネスモデル図を見ながらその5つの財務構造を切り口にして，事業内容を財務的に把握することが有効なのです。

すなわち，
① 売上高の内容はどのようなものか（主要顧客，主要商品，客単価，客数など）
② 当社の主要な変動費は何か（材料費は具体的には何か，仕入品は具体的に何か，外注費は具体的には何か）
③ 当社の主要固定費は何か（人件費はどこでどのような業務をしているか，設備関係の費用はどのようなものか）
④ 当社の運転資金（売上債権，棚卸資産など）は具体的にどのようなものか

⑤　当社の投資（有形固定資産など）は具体的にどのようなものか
などを推測し，仮説を立ててみるのです。

　ビジネスモデル図を書かない場合であっても，各金融機関の貸出先概要表などの内容から商売のイメージをつかむのと同様に，財務構造の内容のイメージをつかむことを意味します。これができると，決算書を見る前に，「経常利益＝①売上高×（1－②変動費率）－③固定費」の枠組みで対象企業の損益計算書をイメージできたり，「④運転資金（売上債権や棚卸資産）」「⑤投資（固定資産）」で対象企業の貸借対照表（資産部分）を自分なりにイメージすることができるようになります。それにより，事業と結び付けて決算書を読む力，すなわち「本当の財務分析能力」をかなり強化することができます。

　筆者も，新規コンサルティング先のご紹介をいただいたときには，ホームページなどで事業内容を見て，それをこの財務構造の5つの切り口で整理し，PLとBSの概要を頭の中でイメージするようにしています。それによって，経営者と事業に関するお話をしながら，財務的な影響，効果をイメージした一体

図表3－2　財務分析の5つのポイント（軸）

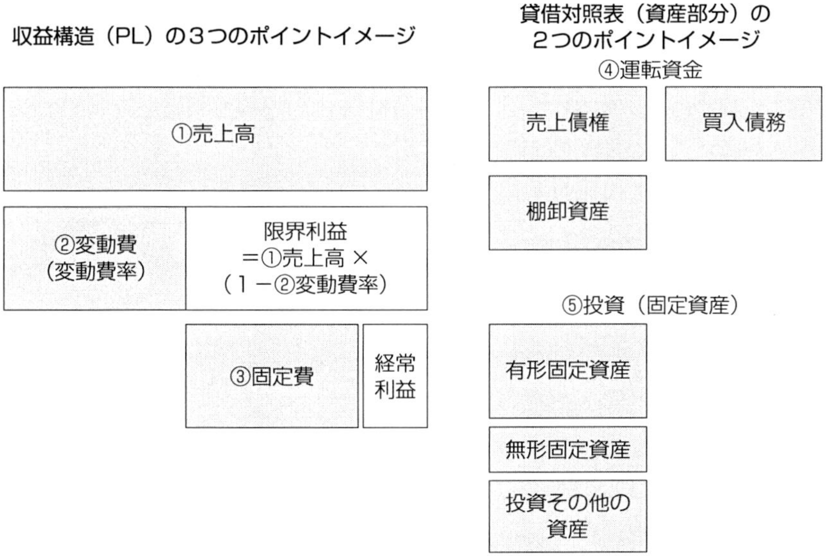

収益構造（PL）の3つのポイントイメージ

①売上高	
②変動費（変動費率）	限界利益＝①売上高×（1－②変動費率）
③固定費	経常利益

貸借対照表（資産部分）の2つのポイントイメージ

④運転資金

売上債権	買入債務
棚卸資産	

⑤投資（固定資産）

有形固定資産
無形固定資産
投資その他の資産

的な思考ができます。

(2) 具体的な事例

具体的な事例として、イタリアンレストランチェーンのサイゼリヤの事業内容を、①売上高、②変動費（率）、③固定費、④運転資金、⑤投資、の5つのポイントを軸に想像してみたものを記載してみました。詳細に調査したものではありませんので、実際のものと違う部分もあるかもしれません。しかし、ビジネスモデルを財務構造と結び付けて想像し理解することがどのようなものであるかのイメージをつかんでいただけるのではないかと思います。

このような把握のしかたをしていれば、次に財務分析を行ったときに、財務数値の変化の理由を事業面での変化と結び付けて仮説を立てやすくなり、使える本当の財務分析能力を飛躍的にアップさせることが可能になると思います。

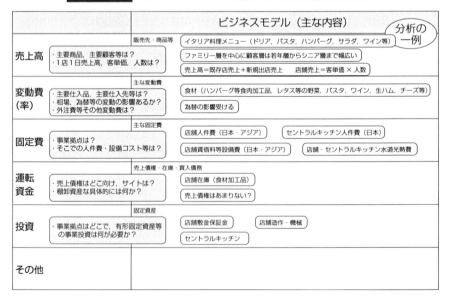

図表3-3　5つのポイントで財務的に事業内容を把握する

上記内容をPL、BSの概要図に転換させると、以下のようなイメージになり

ます。

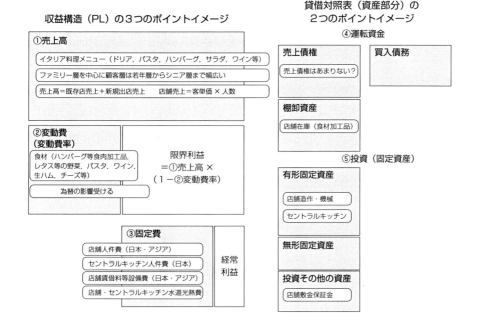

図表3−4　事業内容からPL，BSをイメージする

(3) 財務と事業の一体的思考イメージ

　これがイメージできると，Step 2の財務分析で，売上高が増加傾向であれば，既存店売上高，新規出店のいずれで増加しているのか，どのような顧客でどのようなメニューが売れているのかなどについて仮説を立てることができます。変動費は食材で，おおむね材料費率は何％ぐらいか？　飲食業界平均程度の30％ぐらいか？　店舗の人件費，店舗やセントラルキッチンなど設備関連の固定費は多額にありそうだ，などと仮説を立ててみてPLがイメージできます。また，棚卸資産はあまり多くないだろう？　設備投資は継続的に必要なのだろう，などとBSの概要もイメージできると思います。

担当取引先のどこか1社をイメージして，一度，このフォーマットの5つのポイントで頭の中を整理してみることをお勧めします。そうすると，PL，BS，CFと事業内容を一体のものとして，スッキリと整理できると思います。

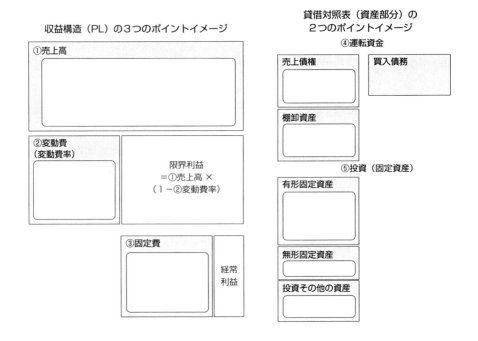

図表3-5 財務分析の5つのポイント（軸）で取引先の事業と財務を整理して見ましょう！

4. 目指す姿（経営理念・ビジョン）は何か，経営者が重視していることは何かを必ず確認する

(1) 経営理念・ビジョンの重要性

「組織」とは，一定の「目的」を達成するための人の集まりです。一定の目

的を持たない単なる「仲良しグループ」とは違います。企業経営においては，経営理念などが「目的」に当たります。

　経営理念とは，「何のためにこの事業を営んでいるのか」という，企業の「存在意義や使命」を表したものです。ビジョンとは，「将来において，企業としてこうありたいと思う姿」を示したものです。経営者が会社をどうしたいのか，何を目指しているのかを把握することは，法人営業担当者が担当先企業の経営者の立場で考えること，経営判断の基準となる価値観を共有するうえでも大変重要なポイントです。特に，老舗企業，優良企業，成長企業等では，経営理念などを重要視する傾向があります。経営理念やビジョンは，ホームページなどに記載されているケースも多いので，必ず確認をしておきましょう。経営者に会う場合に，事前にホームページなどで経営理念，社長メッセージを見ておくことは最低限の礼儀ともいえます。

　また，経営理念や経営ビジョン，中期経営計画などを知っていないと，前述の「目指す姿を達成する課題」を検討できない可能性が高いといえます。企業は，社長や社員の想い，意思などの上に成り立っている有機的な存在，命ある存在です。企業経営では，人生と同じで絶対的な正解はなく，岐路ごとの重要な判断が求められます。経営者と経営理念やビジョンをベースに話ができるような関係性ができることを目指しましょう。

(2) 具体的な事例

　事例として，サイゼリヤのホームページにある企業理念を見てみましょう（図表3－6）。

　経営理念は，【日々の価値ある食事の提案と挑戦】となっています。その内容について，「日々の食事」「価値ある食事」とはどのようなものなのか，「提案と挑戦」とは，毎日の暮らしの豊かさへの提案と挑戦であることが説明してあります。イタリアンレストランは他にもいろいろありますが，当社はどのような姿を存在意義としており，目指しているのか，が表現されています。この経営理念がサイゼリヤの経営における最も重要な考え方，経営における判断基

準となっています。また，経営理念が事業戦略の大前提になっており，それがメニュー，店舗などに表現されています。これがしっかりとしていないと，組織として一貫した戦略が実行できません。

当該企業を理解するためには，この経営理念をしっかりと理解することが非常に重要であるということがおわかりいただけると思います。担当取引先の経営理念や価値観について，再度確認してみてください。

図表3－6　サイゼリヤの企業理念

▌企業理念【日々の価値ある食事の提案と挑戦】

3つの"食事"について社会の皆さまに提案し，更なる価値向上にむけて挑戦し続けます。

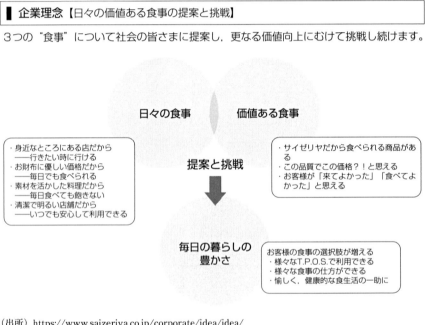

（出所）https://www.saizeriya.co.jp/corporate/idea/idea/

第IV章

Step2 理論編
財務分析からの実態把握のポイント

1. 財務分析は決算書（数値）を分析しているのではない

「財務分析とは，何を分析することでしょうか？」。以前，ある若手行員向けの研修でお聞きしたことがありました。その時，「財務分析は決算書を入手して財務データを分析することです」と回答された方がいらっしゃいました。この点は，意外にも誤解されている方が多いように感じます。皆さんは大丈夫でしょうか？

財務分析の分析対象は，決算書，財務データではありません。財務分析は，財務データを通して，事業，企業を分析しているのです。われわれコンサルタントも，企業を見る場合は，財務の視点，事業の視点，組織の視点の大きく3つの視点からアプローチすることが通常ですが，分析対象自体はあくまで「事業，企業」です。

事業性評価においては，特にこの点には十分留意しておく必要があります。基本的なことなのですが，かなり重要なポイントです。この考え方によって，財務分析が単なる財務数値の範囲の分析となるか，事業全体の分析となるか，事業性評価が一体的な思考でストーリーのある分析となるかが大きく違ってきます。

以前見たテレビドラマの主人公のセリフで，「医者は病気を診ているのでなく，人を診ているのだ」というものがありました。同じように「財務分析は，決算書，財務数値を分析しているのではなく，事業，企業を分析しているのだ」といえます。分析は，「直接の分析対象の先に何を見て，何をイメージして分析しているか」によって，分析結果の質に大きな違いが出るものです。

図表4-1 企業を見る3つのアプローチの視点

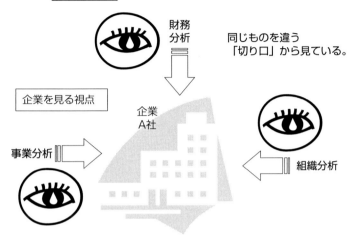

2. 「財務構造の5つのポイント」のどこに経常利益・FCF改善のための重要な問題点,課題があるのか？ 優先順位は？

　経営がよくなる,いわゆる経営改善の成果は何で計られるのでしょうか？「売上は,お客様がわが社を選んでくださった点数であり,利益は,お客様がわが社を必要としている点数である」ともいわれています。その意味で,経営改善の成果は,利益などの儲けが増加することで計られるといえます。したがって,経営課題とは,最終的には「今後,いかに自社を儲かるようにするのか？」ということといえます。

　ただし,儲けること自体が目的ではありません。儲けるためには何でもやるということではありません。「儲ける」と「儲かる」とは大きな違いがあります。「儲かる」というのは,経営理念の追求や顧客満足(CS)の向上など事業構造の高収益構造化の結果として,財務的に「儲かる」ということです。

　では,儲けとは何でしょうか？ 儲けとは,損益会計的にいえば,主に「経

常利益」，キャッシュフロー的にいえばフリーキャッシュフロー（FCF）を意味します。

そして，損益上の経常利益の改善のことを「収益構造の改善」といい，キャッシュフロー上のFCFの改善を「財務構造の改善」といいます。

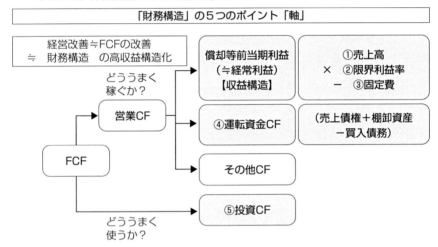

図表4-2　分析・思考の軸：財務を効果的・効率的に分析・思考する「5つの軸」

- 経営者にとっての経営課題とは「今後，いかに儲かるように自社をするか？」である。
- 経営改善とは，「経常利益」，「FCF（フリーキャッシュフロー）」をいかに改善するか＝すなわち，「財務構造の高収益構造化」である。

(1) 収益構造の改善

① 経常利益＝売上高×限界利益率－固定費

経営は，財務会計でなく，管理会計で考えるのが原則です。企業経営のためのマネジメント（管理）会計では，経常利益は，「経常利益＝①売上高×②限界利益率－③固定費」で計算されます。一方，金融機関の財務分析は，決算書（財務報告会計）をベースとした分析システムになっています。事業性評価を本格化し，債権者でなく支援パートナーとなるには，経営のための「共通言語」である「管理会計」をベースとした分析や議論が必要となります。今後，

金融機関の情報システム面での対応も必要ですが、その前に担当者として、マネジメントの共通言語となる管理会計をしっかりと理解しておきましょう。

　財務会計における費用は、売上原価・販売費及び一般管理費・営業外費用のような区分がなされています。これは、「何のために使われた費用なのか」によって区分されています。

　一方、管理会計における費用は、変動費と固定費とに分けられるケースが多いといえます。これは、「費用を売上高との関係」で捉えて区分しています。

　変動費とは、売上高の増減に応じて増減する費用で、ほぼ比例関係にあると考えられる費用をいいます。例えば、原材料費、外注加工費、商品仕入高、販売促進費などです。

　固定費とは、売上高の増減に関係なく、一定額が固定的に発生する費用をいいます。例えば、人件費、減価償却費、賃借料などです。

　売上高から変動費を差し引いたものを「限界利益」といいます。限界利益率とは、「限界利益率＝限界利益÷売上高」で計算されます。付加価値率といったりすることもあります。

　売上高から売上増減に比例する変動費を差し引いて、限界利益を算出し、限界利益で固定費を賄い、利益を生み出すことができるという考えになります。

　したがって、経常利益は、前述したように「経常利益＝売上高×限界利益率－固定費」で計算されます。

図表4－3　財務会計PLと管理会計PL

② 経営とは収益構造の3つを改善することである

　経営課題は「今後いかに自社を儲かるようにするのか」であると考えれば，経営とは，経常利益を増やすために，管理会計ベースの計算式を活用し，
　① 売上高をどう増加させるか
　② 限界利益率（変動費率）をどう改善させるか
　③ 固定費をどう抑制，削減するか
の3つを考えることということができます。この3つの改善のことを「収益構造の改善」といいます。限界利益率の改善（上昇）について，限界利益という言葉が独特で経営者に理解してもらうことは難しい場合があります。その場合には，「変動費率の改善（低下）」といったほうがよいでしょう。あるいは，製造業以外の小売業，卸売業，サービス業では「売上総利益率」「粗利率」とほぼ一緒になりますので，「売上総利益率」「粗利率」で考えても大きな問題がないケースも多いでしょう。

　逆に，製造業の場合には，売上原価の中に，労務費や製造経費などの固定費が多く含まれていますので，限界利益率と売上総利益率には大きな違いがあります。製造業では，必ず変動費と固定費に分解して分析する必要があります。会社の経営者や経理担当者に「変動費の科目は何ですか？」と聞いて変動費と固定費に区分するのが基本です。社内の月次の業績管理資料が変動費と固定費に区分した管理会計ベースのPLとなっている会社も増えていますので，その資料を入手すれば，変動費と固定費の区分はわかります。通常は，材料費や外注加工費，仕入商品原価などが変動費であるケースが多いといえます。変動費か固定費か判断に迷うこともあるかもしれませんが，「迷ったら固定費」としてください。なるべく変動費は限定的にすることが原則です。ある費用を変動費にするか，固定費するかによって収支トントンとなる損益分岐点売上高は異なってきます。固定費に入れたほうが損益分岐点売上高は高く（厳しめ）に出てきますので，甘い分析を防ぐことができます。また，経常利益ベースで損益分岐点売上高などを計算する場合には，営業外収益の取扱いに迷うことがあるかもしれません。営業外収益は「マイナスの固定費」の扱いをするのが通常で

す。

③ 変動費は率，固定費は額で捉える

　また，変動費と固定費の捉え方にも違いがあります。変動費は，売上高の増減に応じて増減する費用ですので，変動費「額」の増減で改善・悪化を判断することは難しいといえます。必ず売上高に対する「率」で改善（低下）・悪化（上昇）を把握するのが原則です。逆に，固定費は，売上高の増減に関係なく固定的に発生する費用ですので，売上高に対する「率」でなく，「額」の増減で改善（減少）・悪化（増加）を判断することが原則となります。

　上記のように管理会計ベースの損益計算書に組み替えず，財務会計ベースのPLで分析等をする場合であっても，費用を変動費と固定費に分けて，変動費は「率」で考え，固定費は「額」で考えることでも収益構造を捉えることは可能です。

図表4－4　【収益構造】分析の3つのポイント

④ 相場変動が激しい業種の場合の改善ポイント

　ガソリンなどの燃料関連の業種など取扱品の相場変動が激しい業種の場合に

は少し注意が必要です。相場に合わせて，売価や仕入原価が常に変化し，この単価変動により売上高や限界利益率が常に変動するケースが多いといえます。このような業種においては，「限界利益＝売上高×限界利益率」と考えるより，「限界利益＝単位当たりの利幅×数量」と考えたほうがよいケースが多いといえます。その場合には，収益構造の改善は，①単位当たりの利幅の維持改善，②数量の増加，③固定費の削減がポイントとなります。

(2) 財務構造の改善

① 財務構造の5つのポイント

次に，キャッシュフローで考えたときの「儲け」であるフリーキャッシュフロー（FCF）を考えてみます。ここではFCFとは，事業からの稼ぎである営業CFから，主な資金の使い道である投資CFを差し引いたものと考えます。

営業CFの主な構成要素は，償却前当期利益すなわち「簡易CF」と，「運転資金CF」，その他CFに分かれます。償却前当期利益を増やすことと，経常利益を増やすことはニア・イコールといえますので，収益構造を改善する①売上高，②限界利益率（変動費率），③固定費の3つの改善がFCFの改善でもポイントとなります。

運転資金CFとは，「売上債権＋棚卸資産－買入債務」で計算される運転資金の増減額のことです。事業を行っていくうえで必ず必要なものですが，CF経営では，なるべくその資金負担は軽減したいものです。運転資金も売上高の増減に応じて増減する傾向がありますので，「額」で良し悪しを判断することは難しく，売上債権，棚卸資産は「回転期間（日数）」の長期化（悪化），短期化（改善）で判断することが原則となります。

営業CFを増加させるためには，収益構造の3つのポイントに加えて，この運転資金の抑制（回転期間の短期化）がポイントとなります。

最後に，主な資金の使い道である投資CFを効果的に行い，FCFを増加させることができるということになります。皆さんも私生活で高い買い物をする際に，「他で買えばもっと安いかもしれない」「他のもののほうがよさそうだ」と

図表4－5　キャッシュフロー計算書（事例）

キャッシュフロー計算書（間接法）：事例　　　　（単位：千円）

	項目	×2年	×3年	
営業活動によるキャッシュフロー	税引前当期利益	269,404	32,991	簡易キャッシュフロー
	（＋）減価償却費（製造原価）	86,773	81,004	
	（＋）減価償却費（販売管理費）	31,690	29,086	
	（＋）貸倒引当金繰入額	18,189	19,010	
	（＋）退職給付費用	27,550	29,950	
	（＋）資産処分損	534	11,308	
	（＋）資産売却損	0	11,317	
	（＋）貸倒損失	0	44,160	
	（－）貸倒引当金戻入額	△ 15,893	△ 18,189	
	償却引当等前当期利益	418,248	240,637	
	（－）売上債権の増加額	△ 131,645	△ 148,924	運転資金キャッシュフロー
	（－）棚卸資産の増加額	△ 12,467	2,710	
	（＋）買入債務の増加額	35,151	9,571	
	運転資金増減（運転資金キャッシュフロー）	△ 108,961	△ 136,642	
	（－）その他流動資産の増加額	26,349	3,607	
	（＋）未払金の増加額	△ 46,264	26,144	
	（＋）預り金の増加額	6,825	△ 6,913	
	（＋）未払消費税の増加額	△ 4,693	8,318	その他キャッシュフロー
	（＋）貸倒引当金の増加額	0	0	
	（＋）退職給付引当金の増加額	△ 17,962	△ 8,143	
	（＋）その他流動負債の増加額	10,442	988	
	（－）法人税等の支払額	△ 122,513	△ 107,762	
	その他営業活動によるキャッシュフロー	△ 147,816	△ 83,762	
	営業活動によるキャッシュフロー	161,471	20,232	
投資活動によるキャッシュフロー	（－）有形固定資産の増加額	△ 85,008	△ 84,041	
	（－）無形固定資産の増加額	4,924	0	
	（－）投資有価証券の増加額	△ 2,804	△ 244	投資キャッシュフロー
	（－）貸付金の増加額	△ 155,423	267	
	（－）その他投資等増加額	△ 8,036	△ 2,839	
	投資活動によるキャッシュフロー	△ 246,347	△ 86,857	
	フリーキャッシュフロー（FCF）	△ 84,876	△ 66,625	フリーキャッシュフロー
財務活動によるキャッシュフロー	（＋）短期借入金の増加額	△ 8,600	11,750	
	（＋）長期借入金の増加額	56,524	20,538	
	財務活動によるキャッシュフロー	47,924	32,288	
	現金及び現金同等物の増加額	△ 36,952	△ 34,337	
	現金及び現金同等物期首残高	511,709	474,757	
	現金及び現金同等物期末残高	474,757	440,421	

か，「買ったものをどううまく使いこなせるか」などと考えると思います。企業活動においての高い買い物である投資も，まったく同じことがいえると思います。キャッシュフロー経営では，「どう稼ぐか」と「どううまく使うか」の両方が大切です。前述のとおり，投資予定について取引先にお伺いすることは，金融機関にとってサポート支援のチャンスを得ることになります。

② 経営とは，財務構造の５つを改善することである

　ここまでをまとめますと，儲けであるFCFを増加させる５つのポイントは，①売上高，②限界利益率，③固定費の収益構造の改善に加えて，④運転資金CFの改善と⑤投資CFの効果アップということになります。この５つの改善を「財務構造の改善」といいます。この５つのポイントを押さえておけば，通常の企業であれば財務的に全体感を持った分析となります。逆にいうと，この５つのポイントを押さえていないと，財務分析において大きな問題の見落としの可能性があるといえます。

　財務分析には，損益計算書の実数を分析する実数分析のほかに，収益性や生産性，安全性，損益分岐点分析などの財務比率指標を使った分析もあります。財務比率指標も，安全性以外の指標の変化のほとんどは，上記の５つの組み合わせで成り立っています。したがって，この５つの項目の変化に財務比率指標の変化の要因が収斂されることがほとんどです。

　なお，財務分析においては，自己資本比率など財務安全性の分析なども重要ですが，ここでは事業性評価の観点から，FCF確保のための分析に重点を置いています。

　繰り返しになりますが，経営課題とは，「今後いかに自社を儲かる（経常利益・FCF）ようにするか」です。すなわち，財務構造の構成要素である５つのポイントをいかに儲かるように改善するのかを考えることが，「財務面から経営を考えること」であるといえます。

図表４－６ 「FCFの増減」を決定する５つのポイント

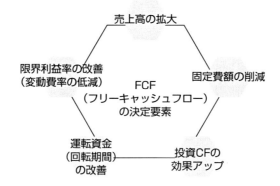

3. 事業性評価（理解）のための財務分析には４つの「レベル」がある

　事業性評価（理解）のための財務分析には，４つの「レベル」があります。事業性評価を有効に行うためには，レベル４まで意識した分析が求められます。

(1) 財務分析のレベル１，レベル２

　レベル１は，基礎的な分析で財務数値の変化の把握です。売上高が増加している，減少している，変動費率が上昇（悪化），低下（改善）している，固定費が増加，減少しているなどの数値自体の変化を把握することです。財務構造の５つのポイントについては，その変化の状況を必ず把握する必要があります。

　レベル２は，その数値の変化の主要因は何かを「深く」把握することです。これまでの債権者としての分析においては，数値が悪化した場合には，特にその要因をよく注意して聞き明らかにしていましたが，数値がよくなっている場合には債権者の立場からは問題なく，あまりその理由を深掘りして分析してこなかったケースが多いと思われます。事業性評価においては，数値がよくなった場合にも「高い」問題意識を持ってその理由を把握することが重要となりま

す。物事には悪い場合にも，よい場合にも必ず理由があります。

さらに，一点注意したいことは，売上高や利益水準など財務数値にあまり変化がない場合，安定している場合も，それは当たり前のことではなく，必ず理由があるということです。経営においては，有効な努力をしなければ業績は悪化するものです。金融機関の事業性評価の例で多く見かけるのが「安定している」という評価であり，それが一番無難な評価，問題なしという意味で取り上げられているように感じます。また，安定は，問題意識を高くすれば「伸び悩み」と考えることもできます。なぜ，安定しているのか（維持できているのか）についても必ず理由を把握するように注意してください。

(2) 財務分析のレベル3，レベル4

このレベル1，レベル2が，これまでの債権者としての決算書をベースとした財務分析の主な範囲であったと思います。しかし，経営者と共有すべき経営課題は過去にはありません。経営課題とは，「これからどうするのか」ということです。

したがって，次にレベル3ですが，財務数値が「今後はどうなるのか？」という「先を」考えることが必要になります。これまでの分析は決算書の過去の分析でしたので，レベル2からレベル3への意識転換は，金融機関の方にとってハードルは意外に高いようです。

レベル3では，過去の傾向値や今後の経営環境の変化などを考慮して検討することになります。例えば，原料相場や為替の影響などにより今後の変動費率がどう変わっていくのか，今後の売上高の見込みはどうか，人手不足の中で人件費は今後どうなりそうかなどを考えることなどです。この点について，自分なりに考えてみること，経営者に，今後の売上高や変動費率，固定費などから業績の見通しについての考えを聞いてみることは，事業性評価の核心部分につながる重要なポイントだと思います。

最後にレベル4ですが，財務的な経営課題を考えるということです。前述のとおり，「悪い業績を改善する課題」「よい業績を維持・伸ばす課題」「目指す

図表4-7 財務分析の4つのレベル

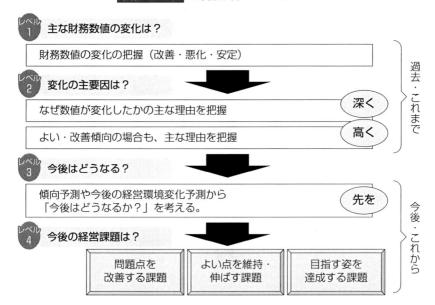

姿を達成する課題」などの必ず検討すべき3つの経営課題の視点から，取引先の経営課題を抽出します。業績，すなわちFCFや経常利益を改善するために，5つのポイントのどこに重点を置いて，どのような改善を図っていくのかの財務構造の改善イメージを検討することともいえます。

4. 財務分析はブレイクダウンを意識して事業分析につながるように，論理的に実施する

(1) 財務分析はブレイクダウンして重要な問題を絞り込む

事業性評価のための財務分析は，何のために実施するのでしょうか。事業性評価の最終的な狙いは，取引先の事業状況が改善，発展することです。し

図表4-8 業績変動要因と改善ストーリー検討のためのブレイクダウン分析（事例）

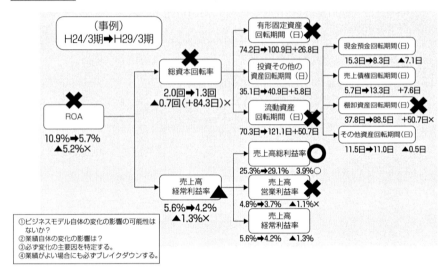

がって，現状の問題点および今後の改善の方向性の検討がない事業性評価をしても，意味がありません。

そのための財務分析は，まずは取引先の重要な問題点を明らかにするために論理的に実施する必要があります。どの指標がよい，悪いといった第三者の視点からのスコアリングモデルの点数評価ではなく，「なぜ，なぜ」と問題点をブレイクダウンして深掘りして，その企業の重要な問題点を絞り込むことが必要となります。

㈱ヤマダ電機の事例で，収益性指標についてブレイクダウンして分析してみました。本来的に経営とは，投資してリターンを得る活動ですので，ROA（総資本経常利益率）が収益性分析の代表的な指標といえます。ROAが，平成24年3月期と5年後の平成29年3月期との比較で，10.9％から5.7％に，▲5.2ポイント悪化していました。その原因をブレイクダウンして見ていきます。

「ROA＝経常利益÷総資産」ですので，「売上高経常利益率（経常利益÷売上高）×総資本回転率（売上高÷総資産）」に分解できます。

総資本回転率は0.7回分の回転が悪化していました。それぞれの年度の回転期間を計算し，その差額日数は84.3日分，長期化（悪化）していました。その原因分析として，主要資産の回転期間にブレイクダウンして分析しました。すると，有形固定資産回転期間が26.8日長期化（悪化），流動資産回転期間は50.7日長期化（悪化）していました。流動資産回転期間をさらにブレイクダウンして分析してみますと，棚卸資産回転期間が50.7日長期化（悪化）していました。

一方，売上高経常利益率は，利幅が1.3ポイント悪化していました。それを損益計算書の構造の上位の利益の段階から比較しました。売上高総利益率は3.9ポイント上昇していました。しかし，売上高営業利益率は1.1ポイント低下しており，売上高経常利益率は1.3ポイント低下していました。したがって，売上高対比での販売管理費の構成比が大きく上昇（増加）したことが主要因と考えられます。

上記の分析から，収益性の代表的指標であるROAの悪化の主要因は，有形固定資産回転期間の長期化（悪化），棚卸資産回転期間の長期化（悪化），売上高販売管理費率の上昇（悪化）に主要因があると特定されます。その結果，これらの悪化がなぜ生じたのかを，事業分析で明確に把握することが重要であるといえます。このように財務分析はブレイクダウンを意識して「事業分析」につながるように，論理的に実施する必要があります。

(2) 財務数値の変化要因の思考ポイント

ところで，財務分析では，悪い点ばかりを見るのでなく，よい点もしっかりとみて，その要因を分析する必要があります。したがって，売上高総利益率が3.9ポイント上昇している点も，なぜそうなったかについて事業分析で明らかにする必要があります。

その財務数値の変化の主要因について仮説を立てることも重要です。その時の思考ポイントについて触れておきます。

① ビジネスモデル自体の変化の影響の可能性はないか？

　ヤマダ電機は，家電販売から住宅関連事業への事業内容が変わってきています。その結果，売上高総利益率の改善，有形固定資産回転期間の長期化，棚卸資産回転期間の長期化などとなっていると考えられます。数字の変化については，よい・悪いと考える前に，事業内容やビジネスモデル自体の変化が起きていないかを考える必要があります。

② 業績自体の変化の影響は？

　次に，業績自体の悪化，改善などの影響を考えます。売上高経常利益率は悪化しています。上記のビジネスモデル，事業内容の改革などの結果がまだ十分に出ていないともいえますし，従来の家電販売事業は，店舗の転換縮小などを実施していますが，収益性は悪化している可能性が高いといえます。

③ 業績がよい場合にも必ずブレイクダウンする

　上記の例では，収益性が悪化した場合のブレイクダウン例ですが，収益性が改善している場合にも，必ず同様のブレイクダウンの分析が必要です。ROAが改善していたら，その改善の主要因は何かについて明らかにするのです。その改善の主要因がもし悪化したら，ROAは悪化してしまいます。改善の主要因を事業分析で明らかにして，それを今後も維持するために何をすべきか（よい点を維持・伸ばす課題），もっと高いレベルも実現するために何をすべきか（目指す姿を達成する課題）について検討することが重要です。

　ヤマダ電機の例に戻れば，ビジネスモデル自体の変化の影響もありますが，総合的な収益性指標であるROAが悪化していることは事実です。今後，ビジネスモデル自体の変革を成功させ，ROAの改善につながっていくのか注目したいところです。

5. 財務分析は事業性評価の土台や軸である

　事業性評価という呼び名も影響していると思われますが，事業性評価＝事業面，定性面重視での分析と考えてしまい，財務分析を軽視した分析となるケースも見られます。ここは注意が必要です。財務分析も事業性を評価するために実施するものです。財務分析をしっかりと実施したうえに，事業面の定性分析を加えてしっかりと事業性を考えましょうというのが事業性評価です。その意味で財務分析は，事業性評価の土台となる部分ということもできます。

　しっかりとした財務分析を行うと，それが全体の分析ストーリーの軸として，結局儲かるようにするのに，何が問題で，何を改善してその結果をどのような財務的な効果に結び付けていくのかが大変わかりやすい分析となります。ストーリーの背骨の役割を果たしてくれます。一方，財務分析がしっかりとできていないと，ストーリーの軸のないバラバラな分析，評価となってしまうケースが多く見られます。しっかりと財務的な成果を意識することで，いろんな方面に拡散しがちな改善策が，現実的でしっかりと締まったものになっていきます。

　また，財務分析は金融機関の方には得意な分野で，取引先からのその部分についての期待値は高いと思われます。

　事業性評価における財務分析の重要性をしっかりと意識し，「自分がもしこの会社の社長だったら」の立場で，経営者（顧客）目線での財務分析をしっかりと実施しましょう。

経営のあれこれコラム

■経営者にとって重要な生産性分析をマスターしよう

(1) 生産性分析とは

　金融機関の方へ財務分析に関する研修を実施することがありますが，多くの方が生産性分析について，あまり理解されていないように感じます。

　生産性とは，ヒト・モノ・カネなどの経営資源の投入（インプット）と，その結果である産出高（アウトプット）の割合のことです。一般的にインプットとして従業員数を用いた労働生産性の指標がよく用いられます。生産性はアウトプットに売上高や利益を使う場合もありますが，「付加価値」が最もよく用いられます。付加価値とは「企業が新しく作り出した価値の合計」です。

　この付加価値の計算方法にはさまざまな方法がありますが，大きく加算法と減算法の2種類に分かれます。加算法は，付加価値が分配された結果である「人件費，金融費用，賃借料，租税公課，減価償却費，経常利益など」を集計して事後的に付加価値を把握する方法です。

　一方，減算法は，売上高から外部購入額（原材料，仕入高など）を差し引いたものとして計算する方法です。したがって，製造業では加工高，非製造業では粗利益と考えることができます。財務分析では，売上高から売上高の増減に応じて外部から購入した変動費を控除した限界利益が付加価値としてよく使われます。経済実態としても，売上高から外部購入変動費を差し引いたものが「企業が新しく生み出した価値」であり，付加価値の概念としては，控除法の限界利益で考えるのがしっくりくるように感じます。そして，それが当該企業の手許に残る「本当の稼ぎ」です。

(2) 生産性分析の重要性が高まっている

　生産性分析は，経営指標としてはかなり古いものですが，金融機関としてはこれまであまり注目してこなかったのではないでしょうか。しかし，今ほど経営者にインパクトを持って説明できるときはないと思います。

すでに大きな問題となっていますが，今後日本の中小企業の経営に大きなインパクトを与えるのは，人手不足だと思います。すでに人手不足で店舗を縮小したり，営業時間を短縮している飲食店もあります。また，一方で長時間の労働を見直すことも求める「働き方改革」も進められています。そのような中でどのようなことが，特に中小企業にとって求められるか，ということです。人手不足の中では，労働市場での需給関係から1人当たり人件費が上昇することが想定されます。逆に賃金水準を高めることができない企業は，新規採用が難しくなるとともに，従業員の定着性にも問題が生じてくる可能性が高くなるでしょう。それは，必要な従業員が確保できず，事業を継続することが困難になることも想定されるということです。

(3) 人件費アップのために必要なこと

それでは，1人当たり人件費を上昇させるためには，どうしたらよいのでしょうか。

　1人当たり人件費＝労働生産性（1人当たり付加価値）×労働分配率

　労働生産性＝付加価値÷従業員数

　労働分配率＝人件費÷付加価値

　∴　1人当たり人件費＝人件費÷従業員数

上記の式からもわかるように，1人当たり人件費を20%上げようとすれば，労働生産性もしくは労働分配率のいずれかを20%上げる必要があります。労働分配率は，付加価値である企業の稼ぎの中からどれだけ人件費として使うかの人件費の負担度を表すものです。これは企業としては上昇させたくない項目となりますし，一定%を超えると赤字となってしまいます。そのため，労働生産性を20%アップさせることが重要となります。すなわち，人手不足，働き方改革の中で，中小企業が事業を安定的に継続していくためには，労働生産性を高めることが不可欠であるということになります。

(4) 1人当たりの本当の稼ぎを増やすためには

　付加価値は企業の手許に残る「本当の稼ぎ」でした。1人当たり付加価値である労働生産性は，「1人当たりの本当の稼ぎ」であるといえます。そう考えると，「賃金水準を上げるためには，1人当たりの稼ぎを増やすしかない」ということになります。

　では，どうやって労働生産性を高めるのかについて考えましょう。

　労働生産性＝付加価値率×労働装備率（1人当たり有形固定資産）×有形固定資産回転率

　この式は，1人当たりの稼ぎを増やすために，①扱っている製品の利幅を高めること（高付加価値品の新商品開発など），②機械化を推進して省人化を進めること，③導入している設備の稼働率を高めること，の3つの方策を示しています。自社の労働生産性を高めるために3つの切り口からの検討が求められます。

　この式は，これまで主に製造業にて用いられてきました。これからは，すべての業種で人手不足に対応するために，タブレット，キャッシュレス決済，自動発注，RPA，IoT，AIなどの設備投資が進みますから，すべての業種で当該式による検討が有効となっています。

★賃金水準を引き上げるためには，一人当たりの稼ぎを増やすことが必要である。

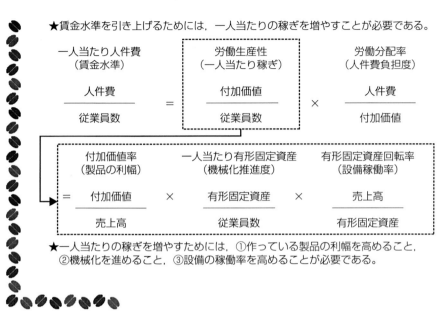

★一人当たりの稼ぎを増やすためには，①作っている製品の利幅を高めること，②機械化を進めること，③設備の稼働率を高めることが必要である。

第Ⅴ章

Step3 理論編
事業分析からの実態把握のポイント

1. 経営とは,「経営環境変化に合わせた事業構造（誰に・何を・どのように）の高収益構造化」である

(1) 3つの事業構造の高収益構造化の結果が財務構造（FCF）の高収益構造化につながる

① 事業構造の3つの要素

まず最初に，基本的なことを確認しておきます。会社の利益はどこから得られるのでしょうか。自社の利益は，①顧客（誰に）と②商品・サービス（何を），③販売活動などを中心とした事業活動（どのように）から得られます。この3つの要素が自社の利益の源泉であり，これらのことを「事業構造」と呼んでいます。会社の業績など財務数値がよくなる，悪くなるというのは，この「事業構造」の中身がよくなった，悪くなった「結果」として，5つの「財務構造（①売上高，②限界利益率，③固定費，④運転資金，⑤投資）」に表れてくることになります。

② 経営とは経営環境変化に合わせた事業構造の改善である

顧客の求めるニーズや競合状況，材料等の調達環境など，企業を取り巻く経営環境は常に変化を続けています。昨日と今日，明日では，必ず経営環境は変化しています。そして，経営環境のほうから自社の事業構造に合わせてくれて，自然と業績がよくなることは決してありません。顧客の要求レベルのアップ，競合の激化などにより，企業の外部経営環境は悪化するのが通常です。

外部環境と自社の事業構造がマッチしているほど，事業はうまくいき，利益も十分に確保されます。しかし，その成功体験が大きいほど，その後に必ず訪れる環境変化への対応が難しくなり，対応への遅れから業績が大きく悪化してしまうこともあります。これを「成功の復讐」といったりします。また，特定の中小企業が外部環境自体に働きかけて，それを変化させることはできません。

その意味で，外部経営環境変化に合わせて儲かるように，自社のあり方を常に改善し続けることが事業経営であるといえます。したがって，経営とは，「経営環境変化に合わせた事業構造（誰に・何を・どのように）の高収益構造化」であるといえます。

(2) 事業を効果的・効率的に分析・思考する「3つの軸」

① 事業を分析する3つの軸

経営者にとっての経営課題とは，「今後，いかに自社を儲かるようにするのか？」であり，利益（儲け）は，「顧客（誰に），商品（何を），活動（どのように）」から生まれるもので，事業経営とは，「経営環境変化に合わせた事業構造（誰に・何を・どのように）の高収益構造化」をし続けることでした。

そう考えると，事業性評価において，事業を効果的，効率的に分析，思考する軸は，経営環境変化とこの①顧客（誰に）と②商品・サービス（何を），③販売活動などを中心とした活動（どのように）の3つであることになります。

② 3つの軸の改善を考える

まず，顧客市場の高収益構造化とは，自社の顧客市場の状態を常に把握し，収益性・成長性・安定性の高い顧客市場に計画的に注力してシフトすることです。逆に有効な対応策をしないと，顧客市場は，収益性・成長性・安定性が徐々に悪化し，低収益構造化（儲からなくなる）のが常であることをしっかりと理解しておく必要があります。商品事業の高収益構造化も同様に収益性・成長性・安定性の高い商品事業に注力してシフトすることが求められます。

販売活動を中心とした事業活動のことを「経営機能」といいます。経営機能の高収益構造化（儲かるように変革すること）とは，販売，開発，調達，製造，物流などの自社の活動の強化を意味します。その強化の方向性は，「自社の顧客市場（誰に）に，自社の商品事業（何を）を，高い価値を持って提供するためには，自社はどのような事業活動をすることが求められるのか」ということです。したがって，自社の経営機能の改革の方向性は，顧客市場および商品構

造の高収益構造化の方針が決まらないと，具体的なものとならないといえます。例えば，「営業力の強化」といっても，誰に，どのような商品を提供するのかが決まらないと，具体的にどのような営業が求められ，有効であるかが決まらないということです。

図表5-1 事業を効果的・効率的に分析・思考する「3つの軸」

・経営者にとっての経営課題とは「今後、いかに儲かるように自社をするか？」である。
・利益（儲け）は、「顧客（誰に）、商品（何を）、活動（どのように）」から生まれるものである。
・経営改善とは、「経営環境変化に合わせた事業構造（誰に・何を・どのように）の高収益構造化」である。

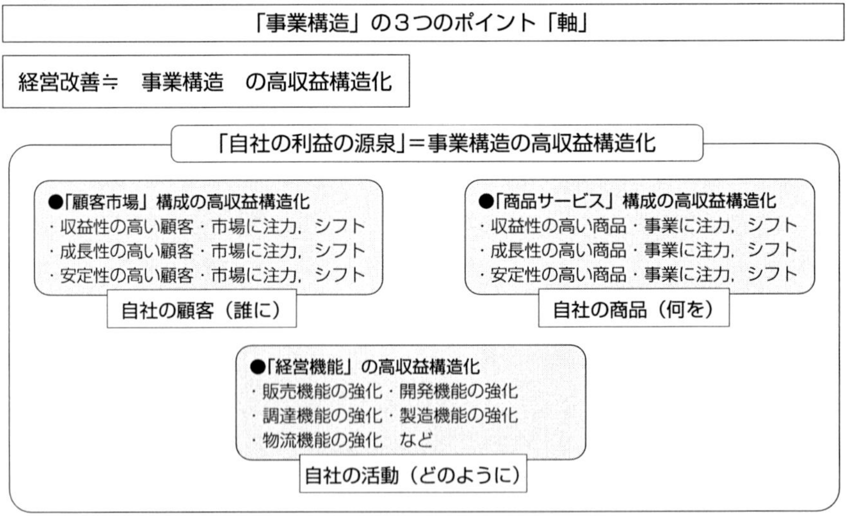

「事業構造」の3つのポイント「軸」

経営改善≒　事業構造　の高収益構造化

「自社の利益の源泉」＝事業構造の高収益構造化

●「顧客市場」構成の高収益構造化
・収益性の高い顧客・市場に注力，シフト
・成長性の高い顧客・市場に注力，シフト
・安定性の高い顧客・市場に注力，シフト

自社の顧客（誰に）

●「商品サービス」構成の高収益構造化
・収益性の高い商品・事業に注力，シフト
・成長性の高い商品・事業に注力，シフト
・安定性の高い商品・事業に注力，シフト

自社の商品（何を）

●「経営機能」の高収益構造化
・販売機能の強化・開発機能の強化
・調達機能の強化・製造機能の強化
・物流機能の強化　など

自社の活動（どのように）

2. 「外部環境および内部能力の分析」のための情報収集ポイントは何か？

(1) 外部環境分析・内部能力分析などの事業分析の目的

① 事業分析の目的

　外部経営環境や自社内部能力などの事業分析は，なぜ行う必要があるのでしょうか？　まず，事業分析の意味，目的をしっかり確認しておきましょう。目的をしっかり持っていないと単なる使えない情報集めの作業になってしまいます。

　事業分析は，
　　a　財務構造の数値が変化（悪化，改善，安定）した要因，理由を把握すること
　　b　今後の経営改善のためのネタ（経営課題の解決ネタ）を探すこと
を主な目的として実施されます。

② フレームワークで情報を効率的に集めて整理する

　外部経営環境や自社内部能力などの事業分析では，さまざまなフレームワークが使われます。フレームワークは，事業に関するさまざまな情報を集め整理する「道具」です。図書館や書店で，本（情報）が分野別に分類して整理されているから探しやすく，情報を活用できるようになっているのと同じです。したがって，フレームワークを使って事業に関するヒヤリング情報等を分類し整理していきます。

　しかし，残念ながら情報を整理したら自動的に取引先の経営課題が見えてくるものではありません。整理された情報をよく見て，思考を巡らせ，経営者とディスカッションするなどして，経営課題を抽出することになります。事業分析ではこの経営課題の抽出をするために必要な情報を効率的に集め，思考しや

すく，ディスカッションしやすいように情報を整理する必要があります。

③ SWOT分析とは

　ここでは，多くの金融機関の事業性評価シートでもよく使われているSWOT分析のフォーマットを取り上げます。SWOT分析とは，自社の持つ強み（Strength），弱み（Weakness）を明らかにするとともに，外部の経営環境におけるビジネスの機会（Opportunity），脅威（Threat）の情報を分類・整理し，現在の財務状況の原因となっている事項を把握したうえで，今後の財務数値の改善のための「自社の経営戦略の策定」に活かしていこうとする経営分析手法です。では，SWOT分析のフォーマットに沿って，どのような情報を収集する必要があるでしょうか？　ここで重要な情報の洩れがあると，事業分析が全体感を持った有効な分析とならなくなってしまいます。SWOT分析における情報収集のポイントについて考えていきましょう。

(2) 外部環境（機会・脅威）分析のための情報収集の7つのポイント

　生物学者のダーウィンは，地球の長い歴史の中で「最も強いものが生き残るのではなく，最も賢い者が生き延びるのでもない。唯一生き残るのは，変化できる者である」と言っています。企業も置かれている経営環境の変化を把握して事業の方向づけを常に行わなければ，生き延びることはできません。

　SWOT分析における外部経営環境のプラス面（機会），マイナス面（脅威）については，マクロ経営環境や業界環境に関する情報を収集します。

① PEST分析

　マクロ経営環境に関する情報を整理するためのフレームワークとして，PEST分析があります。そのフレームワークの要素は，Politics（政治的要因），Economics（経済的要因），Social（社会的要因），Technology（技術的要因）などです。これらのマクロ経営環境は，企業にとってコントロール不能な経営

第Ⅴ章　Step3 理論編　事業分析からの実態把握のポイント　139

図表5－2　外部環境分析：PEST分析（マクロ環境分析）

プラス面・機会には◎，マイナス面・脅威には×を冒頭につけること

	ポイント	自動車メーカーの例
政治的要因 Politics	・法規制（規制強化・規制緩和） ・税制改革 ・裁判制度，判例 ・政府・政治団体の傾向　など	・◎エコカー減税など環境対応車への優遇制度 ・×欧州での環境規制強化 ・×消費税増税
経済的要因 Eoonomics	・景気状況，労働市場動向（失業率） ・物価状況（インフレ・デフレ） ・GDP，金利，為替，株価・物価指数，所得　など	◎国内景気の回復 ◎米国等海外景気の回復 ◎×為替の動向。円安・円高 ×低所得層の増加 ×ガソリン価格上昇・低下
社会的要因 Social	・人口動態・宗教・価値観，教育水準 ・世論，流行，ライフスタイルの変化 ・治安・安全保障，自然環境　など	×少子高齢化，国内人口減少 ×交通の整備された都市への人口集中 ×車が「嗜好品」から「実用品」へ，若者の自動車保有減少 ×カーシェアリングの普及
技術的要因 Technology	・技術革新の動き・特許 ・IT，バイオテクノロジー，ナノテクノロジー	◎ハイブリッド，燃料電池、電気自動車

■企業にとって統制不可能な環境の変化である。
■将来（先）を見て，企業活動に影響を与えるものは何かを抽出する。
■SWOT分析における外部環境分析に結び付ける（重要な機会と脅威の抽出）。

環境の変化であり，かつ自社の企業活動に影響を与えるものです。したがって，その変化を受け入れて環境変化に対応しないと，事業競争力は確実に低下，悪化してしまいます。常に経営環境は変化しますので，「変化はチャンス」と考えて，変化をどう自社の高収益構造化に活かすかを考えましょう。

SWOT分析を実施する場合に，このPEST分析が別途実施できればいいのですが，時間的な制約がある場合などはPEST分析自体は実施しなくとも，これら4つの切り口の要素を参考に経営者などにヒヤリングをして，効率的にマクロ環境面でのプラス面（機会），マイナス面（脅威）の情報を集めましょう。

② 5フォース分析

次に，業界環境（ミクロ環境）に関する情報ですが，ここでは5フォース分析のフレームワークが参考になります。5フォース分析は，①顧客（買い手）の交渉力，②仕入先（売り手）の交渉力，③競合関係の強さ，④新規参入の脅

威，⑤代替品の脅威，などの5つのポイントで，業界環境に関する情報を収集・整理し，業界の収益性構造や企業と業界関係者との力関係を見るフレームワークです。このフレームワークを活かして，業界環境における機会・脅威の情報の整理に活かします。

下記に5フォース分析のフレームワークを示します。各5つの項目の中の説明文は，それぞれの項目の脅威が強くなる場合を説明しています。〇の中の「強」「弱」は，自社に対して，5つの項目の力関係，すなわち脅威が強いか弱いかを表しています。

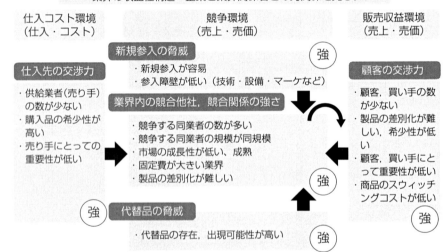

図表5-3　外部環境分析：5フォース分析（業界環境分析）

■SWOT分析における外部環境分析に結び付ける（重要な機会と脅威の抽出，戦略策定のネタ抽出）。

下記では，ビールメーカーの5フォース分析の事例を挙げています。

5フォース分析の項目で，④新規参入の脅威，⑤の代替品の脅威も，広い意味では競争環境とみることができます。したがって，SWOT分析では「顧客・販売市場環境」「競争環境」「仕入・調達環境」の大きく3つの切り口の要素を

参考に，効率的に5フォース分析でいう業界環境面でのプラス面（機会），マイナス面（脅威）の情報を集めましょう。

図表5－4　外部環境分析：ビールメーカーの5フォース分析（業界環境分析）

業界の収益性構造・企業と業界関係者との力関係を見る。

仕入コスト環境 （仕入・コスト）	競争環境 （売上・売価）	販売収益環境 （売上・売価）

新規参入の脅威　弱
- ◎多額の設備投資必要，チャネル，ブランド構築にも時間，コストかかる。

仕入先の交渉力
- ×原材料は高騰してきている。
- ×容器も石油価格の影響で高騰

業界内の競合他社，競合関係の強さ
- ×大手による寡占，大手企業同士による激しい競争
- ×市場の成長性は低いく成熟している
- ×製品の差別化が難しい

顧客の交渉力　強
- ×小売り，流通の力が強い
- ×小売りPBの増加
- ×製品の差別化が難しい
- ×商品のスウィッチングコストは低い

代替品の脅威　強
- ×ワインブーム
- ×ハイボールブーム
- ×その他，アルコール飲料としての代替品多い

以上のように，外部環境分析で重要な漏れがなく，全体感のある分析を効率的に実施するためには，マクロ経営環境の4つと業界環境の3つの合計7つのポイントで情報収集をする必要があります。

(3) 内部能力分析のための情報収集の3つのポイント

内部能力分析とは，取引先の「事業構造」自体を分析することです。外部経営環境の変化に応じて，より儲かるように常に事業構造を改善し続けなければなりません。事業構造の分析は，①顧客分析（誰に），②商品分析（何を），③事業活動（どのように）の3つの視点を切り口に，取引先のよい点（強み），悪い点（弱み）の情報を効率的に整理します。

① ABC分析による重要顧客，重要商品の強み，弱みの抽出

　顧客や商品の分析では，取引先へのヒヤリングのほかに，顧客別や商品別の売上実績データなどから，ABC分析を実施します。

　ABC分析とは，重点分析とも呼ばれる手法で，売上高などの占有率などから重視するポイントを決めていこうという方法で，対象を重要度別にA・B・Cといった3～4段階にランク付けして考えます。ABC分析は，「パレートの法則」に基づいた考え方です。パレートの法則とは，2：8の法則ともいわれ，売上高の約80％は，売上総数の上位約20％の得意先数や商品数によって得られ，残りの大部分の得意先や商品からは20％程度の売上高しか得られないという偏りがあることを意味しています。この法則を使って，自社が重点的に注力すべき得意先や商品を明確にし，営業活動時間などの経営資源の配分のしかたに活かし，効果的な売上高の拡大などを図ろうとするものです。

・Aランク：累積売上割合60％までの得意先，商品➡最重点取り組み
・Bランク：～80％の得意先，商品➡重点取り組み
・Cランク：～95％の得意先，商品➡通常取り組み
・Dランク：下位5％の得意先，商品➡取り組み軽減，効率化

　例えば上記のように分類して得意先や商品にランク付けし，注力するもの・注力しないものを見える化します。

　事業性評価において，ABC分析を行い，利益の源泉である主要顧客，主要商品と，その動向をハッキリと把握することは重要なポイントです。そして，主要顧客，主要商品のそれぞれの売上高の増減動向などから，よい点（強み），悪い点（弱み）などの重要な情報を集めていきます。

　顧客分析では，主要顧客ごとの取引の収益性や成長性，その主要顧客が当社と長く取引をしている理由などの情報を集めます。商品分析でも，主要商品ごとの収益性や成長性，多くの競合商品がある中でその商品を顧客が選ぶ理由，競合対比での優位性などの情報を集めます。

図表5－5　ABC分析グラフ事例

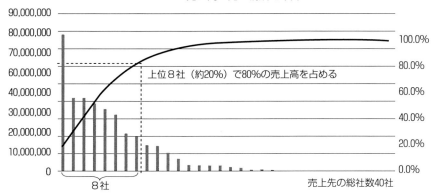

② バリューチェーン分析によるプロセスごとの強み，弱みの抽出

一方，③の事業活動（どのように）についてのよい点（強み）や悪い点（弱み）については，バリューチェーン分析というフレームワークを参考にします。

バリューチェーン分析とは，企業活動を顧客に対しての付加価値を付けていく一連のプロセス（バリューチェーン）と考え，各プロセスごとにどんなよい点（強み），悪い点（弱み）があるかを分析するフレームワークです。取引先の経営者に「御社の強みは何ですか，弱みは何ですか」と聞いてもなかなか具体的な回答を得ることは難しいですし，重要な情報収集漏れが発生するリスクも大きいといえます。バリューチェーンに沿って，商品開発面でのよい点（強み），悪い点（弱み），仕入調達面でのよい点（強み），悪い点（弱み），製造面でのよい点（強み），悪い点（弱み），販売面でのよい点（強み），悪い点（弱み）などと，プロセス（バリューチェーン）ごとに聞いていくことで，経営者も応えやすく，漏れのない情報収集が可能となります。

ここでは，事例として㈱伊藤園についてのバリューチェーン分析をしてみました。事業内容から，商品開発➡仕入調達➡生産➡営業販売のバリューチェーンを設定し，それぞれのよい点には○，悪い点には×をつけています。特に重要と思うものには下線を引いています。

図表５－６　バリューチェーン分析（事例）：伊藤園

プラス面・強みには○，マイナス面・弱みには×を冒頭につけること

商品開発	仕入調達	生産	営業，販売
・○人工的な香料を用いない ・○ホット販売用のPETの開発 ・○純国際茶葉の使用 ・○社内の提案会議やルートセールスを通じた顧客へのヒヤリングなどを新商品開発につなげるしくみが確立 ・○主力の「お～いお茶」商品のブランド力 ・○グループ企業でタリーズコーヒーがあり，同ブランドの缶コーヒー発売	・○国内荒茶（形を整える前の段階）生産量の一定割合を占めて，バイイングパワーが強い。 ・○農家との直接契約取引を推進 ・○効率性の高い大規模茶園の導入を進めている。	・○自社飲料工場は持たず，受託会社に委託するファブレスメーカー ・○茶葉製品の大部分と飲料製品の原料製造は自社で行っている。	・○国内多数の営業拠点 ・○ルートセールスシステムで自社の営業マンが顧客開拓や配送を行う手法を採用しているので，顧客情報がダイレクトに入る。 ・○関東地方でのシェアが高く，西日本などは相対的に低く拡販余地がある。 ・○当社の売上構成でスーパー，コンビニでの販売比率が高い。 ・×当社の販売構成で自販機での販売比率が低い

　バリューチェーン分析自体は実施しないにしても，この切り口を利用することで，SWOT分析において，重要な漏れがない内部能力の情報収集ができます。

(4) SWOT分析による外部環境および内部能力分析の集約

① SWOT分析の情報収集のポイント

　SWOT分析を実施し，自社の持つ強み（Strength），弱み（Weakness）を明らかにするとともに，外部の経営環境におけるビジネスの機会（Opportunity），脅威（Threat）の情報を分類・整理します。そして，現在の財務状況の原因となっている事項を把握するとともに，今後の財務数値の改善のための「自社の経営戦略の策定」に活かしていくための情報（ネタ）を集めます。

　効果的，効率的にSWOT分析を実施するためには，外部環境の７つのポイント（PEST分析の４つと５フォース分析の３つ），内部能力分析の３つ（顧客・商品・事業活動）をしっかりと意識して，全体感のある情報収集を効率的

に実施してください。

図表５−７ SWOT分析による「外部環境および内部能力の分析」

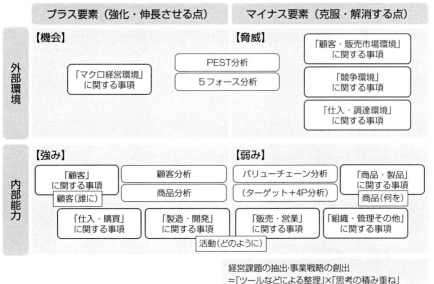

② SWOT情報をグルーピングして再整理する

SWOT項目も多岐にわたりますので，経営課題の抽出，事業戦略の創出に効果的に結び付けるためには，SWOT情報をグルーピングして再整理することも有効な方法です。グルーピングの例としては，外部環境の「マクロ経営環境」，「顧客・販売市場環境」，「競争環境」，「仕入・調達環境」などのグルーピングが考えられます。内部能力は「顧客（誰に）」，「商品・製品」，「経営活動（経営機能）」などにグルーピングすることが考えられます。経営活動については，事業内容に合わせて，より具体化して「仕入・調達活動」，「製造・開発活動」，「販売・営業活動」「組織・管理その他」などに区分してグルーピングすることが考えられます。

グルーピングの事例サンプルとして、サイゼリヤの例を再掲します（図表2－2）。

具体的内容の説明	
プラス要因	マイナス要因
左記の具体的内容は どんなことでしょうか？	左記の具体的内容・原因は どんなことでしょうか？
1 外部環境 外(1) 国内景気環境は比較的安定、良好 外(2) タブレットオーダー、キャッシュレス精算など省人化技術の普及 外(3) 高齢化、シニア層の増加	1 外部環境 外(1) 中国経済の停滞、人件費の高騰 外(2) 人手不足。特に外食での不足。人件費のアップ 外(4) 外食、中食含めて競合関係は強く激しい 外(5) 新規参入は多い 外(6) 為替変動、円安によるコストアップ
2 顧客 顧(1) 国内での売上高は増加傾向にある 顧(2) ファミリー層、若年層からの支持、ブランド力 顧(3) 中国などアジアでの出店、売上高増加	2 顧客
3 商品 商(1) お客様視点でのサービス強化により国内既存店売上増加 商(2) イタリア料理を圧倒的なコストパフォーマンスで提供	3 商品
4 経営機能 経(1) メニュー開発は継続して実施 経(2) 福島県に100万坪の自社農場 経(3) 主力商品であるハンバーグとミラノ風ドリアのためにオーストラリアに自社工場 経(3) 国内5工場（カミッサリー、セントラルキッチン） 経(4) 野菜を鮮度を保って店舗に輸送するコールドチェーンシステム 経(5) 効率化した店舗オペレーション 経(7) 創業当時から給与水準アップを目標、業界では高い水準	4 経営機能 経(5) 人手不足による人件費アップが想定される
5 人と組織 組(1) 経営理念へのこだわり、浸透は非常に強い 組(2) 経営トップへの信頼は強い 組(3) 理系出身者が多くPDCA、科学的経営をしっかり行っている	5 人と組織

③ SWOT分析による自社の経営戦略の策定

SWOT分析にて必要な情報が集まり、整理できたら、現在の財務状況の原因となっている事項を把握するとともに、今後の財務数値の改善のための「自社の経営戦略の策定」の検討に入ります。SWOTの各項目に情報を整理してなんとなく達成感を感じてしまうことがありますが、ここまではある意味作業であり、ここからが本当の分析となります。ここからの思考の積み重ねが事業

性評価においても重要になります。経営者の立場でのSWOT分析とは，単に情報を収集整理することが目的ではありません。「これは問題です」と評論することが目的でもありません。「今後どうするか」，「問題課題の解決策」を考えることがSWOT分析の目的となります。

「自社の経営戦略の策定」においては，SWOT分析を活用して4つの経営課題（機会を活かす，脅威を回避する，強みを活かす，弱みを克服する）を考えることが基本となります。また，SWOT項目の4つを結び付けて戦略課題を抽出するクロスSWOTのフォーマットもあります。

では，事業性評価において，このSWOT分析における強み（Strength），弱み（Weakness），機会（Opportunity），脅威（Threat）の中で，最も重要なのはどれでしょうか？　事業性評価においてこの中で最も重要なのは，強み（Strength）です。この点はしっかりと押さえておきましょう。その理由については，後述します。

第VI章

Step4 理論編
財務分析と事業分析を結び付けた経営課題・改善の検討

1. 財務分析と事業分析の一体的思考による分析ストーリー

　これまでの財務分析および事業分析も分析の対象は企業や事業であり，同一の対象物を違う切り口から分析しているものです。実際の経営において，財務分析だけ，事業分析だけを実施しても，なかなか今後の改善につながる意味ある分析にはなりにくいといえます。「財務だけの範囲で分析しても実態を変えることはできない。事業だけの範囲で分析しても財務に結びつかないと成果とならず，意味がない」といえます。事業性評価を実施するにあたっては，財務は結果であり，事業はその原因であるという関係性，すなわち「財務＝事業」という感覚を持っての「有機的な一体的思考」が不可欠となります。

　また，分析で重要なことは，

　①　分析の視点として重要な漏れがなく，全体感を保った分析であること

　②　分析が論理的でストーリー性があり，言いたいことが伝わりやすいこと

です。①の全体感については，財務構造の5つのポイントや，事業分析ではSWOT分析の外部環境の7つのポイントや事業構造（内部能力）の3つのポイントを押さえること，②のストーリー性においては，この財務分析と事業分析，すなわち「財務構造」と「事業構造」および「経営理念などの経営者の想い」を一体として有機的に思考することが重要となります。それにより，財務上の課題と事業上の課題は結果・成果と原因・要因の関係として一体的に捉えられることになります。

　一般に分析とは，複雑な事象を細かく分解して構成要素の詳細を明らかにすることです。生物の解剖実験でも解体して詳細を調査します。しかし，その後，全体を再統合しても当然ながら生き返りません。事業経営でも同じで，経営者の想い，事業，組織，財務などさまざまな要素が有機的に，複雑に絡み合って存在し，価値，命を有しているといえます。したがって，事業性評価シートで，財務構造と事業構造に分解し，それぞれに関する情報を集め，分析したものを

第Ⅵ章　Step4 理論編　財務分析と事業分析を結び付けた経営課題・改善の検討　151

SWOT分析のフォーマットに無機的に集めても，有機体である事業を真に評価することはできません。「有機的な一体的思考」が，価値ある事業性評価の勘所なのです。

それでは，この有機的な一体的思考のポイントについて考えていきましょう。

図表6-1　財務分析と事業分析との関係

```
                  表裏一体の関係
  ┌─────┐                    ┌─────┐
  │ 財務 │      =             │ 事業 │
  └─────┘                    └─────┘
 （結果・成果）                （原因・要因）

  ┌──────────┐              ┌──────────┐
  │ 財務上の課題 │    =        │ 事業上の課題 │
  └──────────┘              └──────────┘
```

（同じ対象企業を切り口，異なる視点から分析し抽出した課題）

		財務分析	事業分析
利益の分析	収益面の分析	PLの分析（売上高動向など） 収益性指標の分析 など	収益の源の「実態」の分析 主要商品の動向分析 主要顧客の動向分析 業界の収益構造分析（5Fs） 市場環境（PEST分析）　など
	コスト面の分析	PL分析（変動費・固定費） 生産性分析	主要コストの「実態」の分析 オペレーション 人員構成 経営機能など

●財務は「結果」であり，事業はその「原因」である。分析の対象は「同一」。
●財務分析から抽出された課題と事業分析から抽出された課題は，同一のものに収斂される（財務と事業の分析結果は，関連してストーリーが流れる）はずである。

2. 【自社の強み（利益・競争力の源泉）とそれを支える経営資源の把握】が大切

(1) 自社の強みとは何か？

① 強みとは，お客様に選ばれる理由である

　厳しい企業間競争の中で，顧客から選ばれる存在となるためには，自社に何らかの特長が必要です。その会社の「強み」は何か，ということです。厳密には，強みとは「お客様に選ばれる理由」です。多くの競合企業がある中で，「主要なお客様はなぜ競合他社ではなく当社を選ぶのですか？」ということです。

　メインターゲットとなるお客様に自社が選ばれるためには，何が必要でしょうか？　お客様の立場で考えてみれば，それには2つの条件が必要であると考えられます。1つ目は，お客様の求めるニーズに合っていること，お客様が喜ぶことを提供することです。これにより，選ばれる候補者の選択肢の中に入ることができます。2つ目は，その顧客にとって選択肢の中の他社より優れていること，どこの会社でもできることではないことです。

② 具体例で考えてみる

　具体的にサイゼリヤの例で考えてみます。ターゲット顧客である若年層からファミリー層などが，食事の場としてサイゼリヤを選ぶ理由は，「イタリア料理をおいしく低価格で提供されるから」といえます。そのおいしさは，高級なイタリアンレストランと違うおいしさを意味します。サイゼリヤの「おいしさ」とは，毎日食べても飽きない，組み合わせで倍増するコーディネーションなどをポイントとするものです。また，価格面でも「びっくりするぐらい」，喜んでもらえる価格で選ばれているといえます。

　そして，その強みはどこの会社でもできることではありません。その強みを

生み出す独自の経営資源が必要となります。それがあることで他社との違い，優位性を生み出すことができます。

その強みを支える特長，独自の経営資源として，主力商品であるハンバーグとミラノ風ドリアのためにオーストラリアに自社工場を有していること，福島県に100万坪の自社農場を持っていること，野菜の鮮度を保って店舗に輸送するコールドチェーンシステムを構築していること，効率化された店舗オペレーションなどがあります。その結果，川上（産地）から川下（店舗）まで一貫して品質管理を行う製造直販システムにより，品質と価格を自分たちでコントロールできることになります。

その独自の経営資源を活かして，低価格でおいしい，さまざまなメニューバリエーションの楽しみなどの顧客が選ぶ理由が実現できているということです。この強みと独自経営資源を区分して考えることで，顧客目線でのその企業の本当の強み，競争力や利益の源泉を把握することができます。

③ 事業性とは磨くべき強みがあること

そもそも「事業性」とは何でしょうか？「事業性がある」というのは，利益を生み出す可能性の高い「何か」があるということではないでしょうか？それこそ，強みは何かということであり，事業性評価の最も核心部分となるものといえます。サイゼリヤの強みの例を挙げましたが，これらはホームページに記載されている情報です。中小企業においてもホームページを持っているところが多くなっています。ホームページを注意深く読んで，取引先企業の強みがどこにあるのか，そのヒントを探すことができるのではないかと思います。

強みを把握したところで，より儲かるようにするためには，この強みを磨き続けることが最も重要といえます。その「強みを磨き続けること」は，お客様に選ばれ続けるために，競争力の源泉，利益の源泉を磨くことであり，企業にとっての最大の経営課題となります。

図表6－2　サイゼリヤの特長，強み

顧客：◆国内一般消費者
　　　（メインターゲット：若年層からファミリー層）

強み	強み＝お客様に選ばれる理由 イタリア料理をおいしく低価格で提供。 「おいしさ」：毎日食べても飽きない。組み合わせで倍増するコーディネーション。 価格：「びっくりするぐらい」，喜んでもらえる価格
強みを 生み出す 独自資源	【そのための徹底した効率化とシステム化】 主力商品であるハンバーグとミラノ風ドリアのためにオーストラリアに自社工場 福島県に100万坪の自社農場 野菜の鮮度を保って店舗に輸送するコールドチェーンシステム 効率化した店舗オペレーション

「強み」を磨くことが，今後の戦略の柱となる

【自社の強み（利益・競争力の源泉）とそれを支える経営資源の把握】

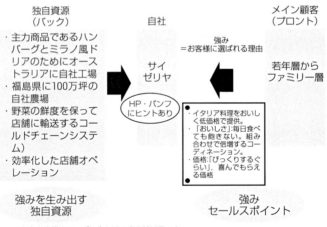

これをお客様のニーズに合わせて磨き続けること
＝「戦略の柱」

④　強みを柱に環境変化を取り入れる

　SWOT分析で集められた外部環境変化の機会をビジネスチャンスとして取り入れることが大変重要ですが，それが事業戦略の最優先事項となっている場

合には，言い方が悪いですが環境変化に振り回されているリスクもあります。ブームに乗ることは大切ですが，一過性のブームでは事業は長く続けることはできません。そこで，自社の強みを明確にして，それをひたすら磨くことが，他社に負けない魅力をつくることになり，このことが本当に大切なのです。飲食店であれば，ブームでなく，顧客ニーズの変化を考慮しながら自社の看板メニューをひたすら磨くことです。そして強みとは，環境変化の中でも変わらず事業戦略の最大の柱となるものです。逆に，この強みが明確に把握できていないと，本格的に今後の事業戦略を検討，構築することが難しいといえます。

自社の強みを大黒柱にして，その上に経営環境変化を取り入れていくことが，自社らしさ，自社の魅力を磨きながら，ブレない一貫性のある事業戦略をつくる勘所となります。

(2) 強みは3つにグルーピングできる

① 強みの3つのグルーピング

その「強み」は大きく3つのグループに区分することができます。

1つ目は「特定の顧客との密着した関係（顧客軸）」です。個々の顧客のニーズに対応し，最高の顧客サービスを提供する強みです。馴染みの飲食店や理髪店などで「いつものように…」とだけ言えば求めていることが伝わる関係性です。高級ホテルも，顧客の個別ニーズに合わせたサービスで評価されたりしています。

2つ目は「独自の商品・サービスの魅力（商品軸）」です。「やっぱりあそこの商品がいいね」と言われることです。フェラーリやアップルなど優れた商品開発力によって，常に他社にはない画期的な商品を提供する強みです。技術力が高い中小企業は，この強みを目指しています。

3つ目が「卓越したオペレーション（オペレーション軸）」です。優れた業務プロセスによって，一定品質の商品を最良の価格で提供する（安く・早く・簡単に）強みです。個人的な好みはあると思いますが，マクドナルドや吉野家などでは，一定の満足を得られる食事をよりスピーディーに得ることができま

す。トヨタは，カイゼン活動による独自資源により，同じ価格であれば最もよい品質の車であるイメージが筆者にはあります。Amazonやジャパネットも，扱い商材は多様であり，販売のプラットホームに各種商材を乗せることが可能なオペレーション軸の会社だと思います。この強みは，業界のリーダー企業や大手企業に見られるケースが多いといえます。

　事業構造は「顧客（誰に）」「商品・サービス（何を）」「経営機能（どのように）」で構成されますので，強みである選ばれる理由も，やはり，この３つに関連して区分されるともいえます。

　この３区分は，同様のことがM.トレーシーとF.ウィアセーマ著の『ナンバーワン企業の法則』（日経ビジネス人文庫）で紹介されています。

　「現在の主要なお得意先様（A社）は，競合企業が数多くある中で，なぜ御社を選んで長くお取引をされているのでしょうか？」と聞いてみても，なかなか具体的な強みが見えてこないケースがあります。その場合には「顧客との密着した関係（かゆいところに手が届く関係）」では選ばれる理由はないですか，「商品の魅力（技術力を活かした商品など）」ではどうですか，「（製造，販売，開発などの）経営機能面」ではどうですか，などと質問を変えて聞いてみるとよいと思います。

② ３つとも重要だが，最も重要なものが戦略の軸となる

　１つ留意したいのは，この３つのうち１つだけよければいいということではなく，３つとも重要で一定の顧客満足を与えるレベルにある必要はあります。しかし，３つのうち，特に何をセールスポイントとしてアピールして選ばれるのか，今後，最も重点的に磨いていく魅力は何か，自社で失ってはいけない最大の魅力は何か，ということです。この磨き続けるべき自分の強みをしっかりと戦略の軸に持っていることで，変化する経営環境の中でも変化に振り回されずに，自分らしさ，自社らしさを見失わずに，ブレない強さ，魅力を持ち続けることができます。

　この３つは，すべてが大事ですが，お互いに相反する部分があります。「特

定の顧客との密着した関係」を最重要とした場合には，お客様に合わせるので，自社独自の商品，サービスの開発は弱くなる可能性があります。また，すべてのお客様に商品，サービス提供をスピーディーに，一定の品質で提供できるためにはサービスの標準化が必要となる「経営機能面での優位性，魅力」とは相反する部分があります。自社の「独自の商品・サービスの魅力」を高めるためには，お客様への個別対応への注力や標準化したオペレーションシステムへの注力は弱くなるといえます。そして，多くの顧客に対しての「経営機能（オペレーション）面での優位性，魅力」を高めようとすれば，個別の顧客対応や自社の独自商品・サービスの開発への注力は弱くなるといえます。やはり，経営資源には限りがありますので，自社が何を最重要視するのかの戦略の軸を決める必要があります。

③ 具体例で考えてみる

次頁の図表6-3で，◎最重要，○かなり重要，△重要として考えてみました。

サイゼリヤは，店舗オペレーション，セントラルキッチンなどの工夫などオペレーションが戦略の軸となる「◎最重要」と考えられます。メニューにもこだわりがあり，ドリアなどにはファンも多く商品軸は「○かなり重要」としました。お客様に対する個別的な対応の顧客軸は「△重要」としました。

他の例では，モスバーガーは，オペレーション軸のマクドナルドと違い，商品軸が「◎最重要」と考えられます。また，すべてのお店で一定の品質での商品，サービスを提供するチェーン店ですので，オペレーション軸が「○かなり重要」，顧客軸は「△重要」としました。

最後に，いきつけの飲食店は，顧客軸が「◎最重要」，商品軸が「○かなり重要」，オペレーション軸は「△重要」としました。

筆者もコンサルティングのクライアント先企業について，戦略の軸を見失わないように，A社は顧客軸，B社は商品軸，C社はオペレーション軸の会社などの区分をしています。中には迷う企業もありますが，3つの中でどれを一番

大切にしないといけないかをはっきりすることで，戦略策定や経営判断の支援をする場合に非常に役に立っています。

図表6－3　当社の戦略の軸となる強みは何か？

強み＝選ばれる理由＝利益の源泉
＝戦略の軸は何か（どの強みを磨き続けるか）

当然ながら3つとも重要であるが，最重要の軸は？

戦略の軸となる3つの強み	意味・顧客価値の重点	事例	◎最重要，○かなり重要，△重要		
			サイゼリヤ	モスバーガー	いきつけの飲食店
卓越したオペレーション（オペレーション軸）	優れた業務プロセスによって，一定品質の商品を最良の価格で提供する（安く・早く・簡単に）	マクドナルド トヨタ	◎	○	△
独自の商品・サービスの魅力（商品軸）	優れた商品開発力によって，常に他社にはない画期的な商品を提供する	アップル フェラーリ	○	◎	○
特定の顧客との密着した関係（顧客軸）	個々の顧客のニーズに対応し，最高の顧客サービスを提供する	高級ホテル 床屋・美容室	△	△	◎

（出所）『ナンバーワン企業の法則』M.トレーシーとF.ウィアセーマ著を参考に筆者が作成

(3) 強みを核に事業構造を高収益構造に再構築

　「強み」のクリアな把握がなぜ大切なのかについて，もう一度述べておきます。お客様に選ばれるためには，強みを磨くことが重要であり，この強みを磨き続けること，すなわち強みを生み出す経営資源を磨き続けることが，今後の事業戦略の中核コンセプト，経営の大黒柱となります。そして，その強みが利益の源泉となり，その結果として売上高，利益など財務構造の高収益構造化に結び付くことになります。事業性評価において，「事業性がある」というのは，まさにこの「強みがある」ということです。

　強みと独自資源を区分して把握することによって，よい独自資源があるのに，

活かされていないことに気付ける場合があります。その発見がまさに取引先の事業性の強化への取り組みにつながると思います。

業績が悪くなっている場合には，この「強み」が相対的に弱体化しているケースが多いといえます。事業経営とは，「変化する経営環境の中で，自社のターゲットとするメインのお客様に選ばれ続けるために，提供商品・サービス，経営機能などの自社の「強み」を磨き続ける活動である」といえます。

この強み，魅力を一番理解し，必要としている顧客は誰か。これがターゲット顧客となります。自社の強みの価値が現在の顧客に評価されず，その顧客からの値引き要請や価格競争に陥り十分な利益を確保できず，業績不振となっている企業は意外にも多いものです。現在業績が悪い企業であっても永年事業をしているのであれば，必ず強みとなる何らかの魅力があり，それを選んでくれる顧客がいるはずです。業績が悪いのは，経営環境変化の中でその強みが弱体化したり，顧客とのマッチングが崩れたりして，事業経営につまずいている状態であると考えています。そのつまずいている状態を改善して本領発揮できる状態にすることが重要です。

その場合には，
① 自社の提供価値，選ばれる理由「何を」を明確にして，
② それを求める顧客は誰か「誰に」，
③ そのために「どのような」活動の強化が重要であるか

の3つの事業構造の構成要素を再構築し，強みを中核として，いかに儲かるように自社の事業構造を改善するかが効果的な事業戦略となります。

(4) 各金融機関における強みの把握の現状

さて，各金融機関における担当取引先の強みの把握状況ですが，貸出先概要表や事業性評価シート上では，「高い技術力」，「地元での知名度」，「社長の人脈」，「安定取引先」などの，ある意味決まり文句となっている記述が多いかと思います。これらは，その企業の特長，独自の経営資源に該当し，強みに関連するものかと思いますが，それが具体的にどう「お客様に選ばれる理由」，す

なわち売上や利益につながっているのかがわかりません。

　強みにつながるヒントは，その企業のホームページ等に記載があることが多いといえます。なぜなら，ホームページは「自社はこんなにいい会社ですよ」と自分をアピールする場ですので，強みにつながるキーワードが多く見られるからです。例えば，「高い技術力」についてホームページでアピールされていたら，経営者とのヒヤリングにおいて，具体的にはどのような技術力なのか，また，それがなぜ現在の主要な顧客に選ばれる理由につながっているのかなどを聞いていくことが重要なポイントとなります。サイゼリヤの事例を参考に，取引先企業の本当の強み，戦略の柱を具体的に検討してみてください。この戦略の柱が決まらないと，事業性をつかんだことにはならないと考えてください。

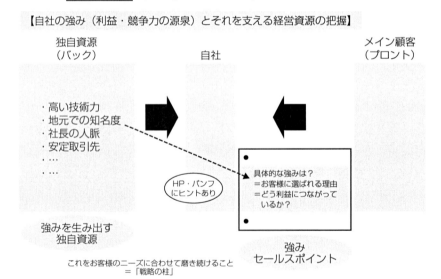

図表6-4　「強み」を磨くことが，今後の戦略の柱となる

3. 経営課題への対応＝経営改善の未来設計図を描くこと

(1) 経営改善の設計図の全体像

　それでは，「有機的な一体的な思考」とは，具体的にどのようにすればできるのかについて検討していきましょう。それは，財務と事業について強みを中核にして関連付けて思考することです。有機的な一体的思考のストーリー展開は，以下のとおりです。まず，事業内容，ビジネスモデルを十分理解したうえで，

- ➡「①過去（決算上）の財務構造の変化とその主要因は何か？」
- ➡「②現在の利益の源泉となっている強み（お客様から選ばれる理由）は何か？」
- ➡「③強みを活かして今後目指す事業構造（顧客，商品，活動）は何か？」
- ➡「④その結果として今後実現したい財務構造（売上高，変動費，固定費，運転資金，投資）は何か？」

などをストーリーとして論理的に思考することです。①〜④のストーリー展開の詳細は，第Ⅱ章6〜10をご参照してください。この財務と事業の一体的な思考は，「売上はお客様が当社を選んでくれた点数であり，利益はお客様が当社を必要としている点数である」という言葉で表現されたりしています。

　これまでの債権者の立場でのスコアリングモデルは，確定した「過去」の決算書を使い「財務」を主たる対象とした分析でした。事業性評価のための分析は，これまでのスコアリングモデルとは重点がまったく違うことを強く意識する必要があります。すなわち，事業性評価では，「事業」を主体に，不確実で変化する「今後」の将来が分析の主体となります。事業性評価の重点は，強みを活かして「今後，いかに事業構造を高収益構造化（儲かるように）するか」，その結果として，「今後，いかにして財務構造を高収益構造化（儲かるように）

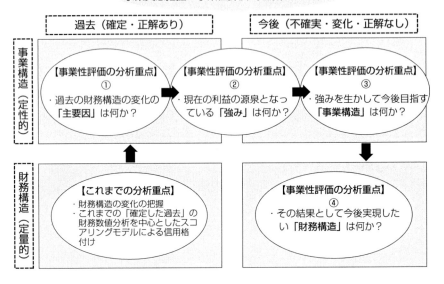

するか」の未来設計図を描くことであるといえます。

(2) 経営改善の未来設計図とは？

① 経営改善の設計図

それでは、経営改善の設計図を描くイメージで、目指す財務構造（収益構造）モデル、事業構造モデルの高収益構造化を検討しましょう。

事業構造である「顧客構成」、「商品構成」、「経営機能」は、事業環境変化の中で、次第に儲かりにくくなっていくものです。よいお客様へは競合企業が好条件でアプローチしてきますし、お客様の要望もより厳しくなってくるのが常です。商品構成も、競合商品が出現したり、商品への値引き要請が徐々に強まっていくのが常です。すなわち、事業環境変化の中で、有効な対策を打たなければ、事業構造は必ず低収益構造化するものといえます。その結果を反映する売上高、限界利益率などの財務構造も下げ圧力が強まります。財務、業績変

第Ⅵ章 Step4 理論編 財務分析と事業分析を結び付けた経営課題・改善の検討　163

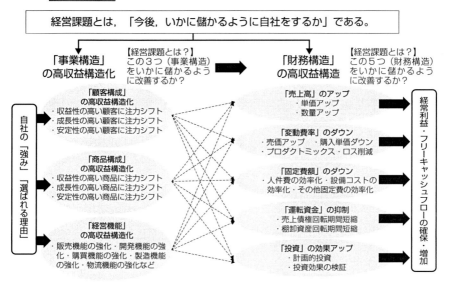

化の裏には，必ず事業構造の変化があるのです。自社の事業構造の各々の要素が弱体化していないか常にチェックしておく必要があります。

そこで，利益の源泉である「顧客構成」，「商品構成」を，収益性の高いものへ，成長性の高いものへ，安定性の高いものへと常に改善をしていく努力をしていかなければなりません。そして，それを実現するために販売，商品開発，製造，物流などの「自社のあり方（経営機能）」を変革し進化させていく必要があります。

② 事業構造の高収益構造化の中核は「強み」である

その事業構造の高収益構造化の中核ポイントは，その企業のお客様から選ばれる理由である「強み」です。その企業の強みとそこから生み出されるお客様への提供価値を，具体的に，詳細につかむことがとても大切です。例えば，商品企画力が強みであるという場合に，具体的にはどのような企画力であり，それがなぜお客様にとって他社では得られにくい高い価値を持つものであるのか

をはっきりとつかむことです。それがつかめなければ，事業構造の高収益構造化への道筋を考えることはできません。よく金融機関の方が作成される取引先への経営改善の提案や経営改善計画の骨子が，コストダウンやリストラ，金融商品活用などが中心となってしまうのは，経営改善の大黒柱となるこの点が具体的につかめていないからだと思います。金融機関の方も，何か中心となる大きなもの（大黒柱）が足りないと思いながら，このような経営改善の提案をされているのではないかと思います。

③ 強みを中核とした事業構造の高収益構造化

さて，その企業の強みとそこから生み出されるお客様への提供価値を，具体的に，詳細につかむことができれば，「その価値を高く認める顧客はどのような顧客であるか」を考えます。それが今後の経営改善のターゲット顧客となります。それは既存顧客の中にいることも，新規顧客の場合もありますが，まずは既存顧客の中で今後注力すべき顧客を明確にすることを優先して考えましょう。それが「顧客構成の高収益構造化」です。

図表6-7　自社の強みを中核とした事業構造の高収益構造化

【自社の強み（利益・競争力の源泉）とそれを生み出す経営資源の把握】
(1) 当社の利益の源泉，強みは何でしょうか？　現在の主要なお得意先様（顧客）は，競合企業が数多くある中で，なぜ当社を選んでお取引をされているのでしょうか？＝「強み」。
(2) また，その「強み」はなぜ当社で実現できているのでしょうか？＝「強みを生み出す経営資源は？「特長は？」

【今後に目指す事業構造の高収益構造化】
よい点を伸ばす課題，悪い点を改善する課題，目指す姿を実現する課題は？

a．顧客市場（誰に）の高収益構造化
自社の強み・提供価値が，認められる，望ましい「ターゲット顧客市場（誰に）」の改善・強化は？

b．商品・サービス（何を）の高収益構造化
自社の強み・提供価値が，活かされる「商品・サービス（何を）」の改善・強化は？

c．経営機能（どのように）の高収益構造化
自社の強み・提供価値を強化するための自社の「経営活動（どのように）」の改善・強化は？

そして，そのターゲット顧客が認める提供価値を，具体的な商品やサービスとして具現化するとどのようなものであるかを考え，常にブラッシュアップします。それが，「商品構成の高収益構造化」です。

今後の経営改善の重点となるターゲット「顧客構成」と「商品・サービス構成」が決まれば，その商品・サービスを，いかにしてターゲット顧客に知ってもらう活動をするのか，いかに魅力的なものを開発するか，いかに高い品質かつ適正コストで製造するかなどの自社の機能のあり方を最後に検討します。これが，「自社のあり方（経営機能）の高収益構造化」です。

(3) 顧客構成や商品構成の高収益構造化の進め方

① 既存の重点顧客，重点商品への注力

それでは，顧客構成や商品構成の高収益構造化をどのように進めていけばよいのでしょうか。

図表6-8　既存得意先への営業強化（「誰に」の明確化）

- 得意先の格付けは，「①現状の売上高規模(売上高によるABC分析)」と「②今後の拡販可能性(顧客成長性，顧客購買力，インストアシェア)」などを基準に行う。
- ABC分析を実施すると，上位20%の得意先数で全体の約80%の売上高を占めるという，いわゆる「2：8の法則」が見られることが多い。
- 上位顧客，拡販可能先に集中して営業することが「営業活動の生産性」を上げ，全体売上高の維持，増加を図るポイントである。

売上高規模	格付け	拡販可能性	基本営業方針
Aランク（上位60%）	最重点取り組み先	大	重点大口化取り組み：提案営業，トップセールスなど
		中	大口化取り組み：提案営業，トップセールスなど
		小	維持取り組み：ルーティン営業，トップセールスなど
Bランク（～上位80%）	重点取り組み先	大	重点大口化取り組み：提案営業など
		中	大口化取り組み：提案営業など
		小	維持取り組み：ルーティン営業など
Cランク（～上位95%）	取り組み先	大	重点大口化取り組み：提案営業など
		中	特別の拡販可能性がある先以外の営業はできるだけ効率化する。担当は営業マン
		小	
Dランク（～下位5%）	営業訪問しない	大	特別の拡販可能性がある先以外の営業マンによる営業活動はしない。担当者は営業マン以外にする
		中	
		小	

「顧客構成」や「商品構成」の高収益構造化のために，現在の既存顧客についてのABC分析を行うと，ほとんどの会社で，上位約2割の顧客数や商品数で売上高の約8割の売上高を占めるというパレートの法則がみられます。売上高で上位80％を占める既存顧客について，「売上構成比」「今後の拡販可能性」などから格付けします。そして，今後さらに注力すべき重点顧客や重点商品を選択し，それぞれについての取り組み具体策を検討し，策定します。上位顧客，拡販可能先に集中して営業することが「営業活動の生産性」を上げ，効果的，効率的に売上高の維持，増加を図るポイントです。

② 自社の強みを活かせる新規顧客の開拓

また，自社の強みの活かせる新規顧客を開拓する場合には，開拓営業を闇雲に実施しても効果が小さいので，ターゲット先を「必ずリスト化」して対象を明確化し一軒一軒潰していく必要があります。

多くの中小企業では，待ちの営業の結果，いつのまにか取引がなくなっている「過去の得意先」が多くあります。したがって，新規開拓先対象の前に，「過去の得意先の掘り起こし営業」を最優先に検討すべきです。

また，どうしても営業マンの活動は，既存客への営業活動が優先になりやすいので，一定の期間，一定の曜日を「新規の日」と決めて，全社的な機運を盛り上げ，集中的に新規開拓のみを実施することが新規開拓活動のポイントとなります。

(4) 自社のあり方（経営機能）の高収益構造化の進め方

自社の提供価値，強みを強化し，ターゲット顧客に確実に伝えるための経営機能の強化については，事業分析のフレームワークであるバリューチェーン分析が活用できます。自社の経営機能（バリューチェーン）の中で，特に価値（バリュー）を生んでいる機能は何か，それをどのように強化するのかを考えます。注意点は，必ず顧客構成（誰に）や商品構成（何を）の強化の方針を検討した後に，経営機能（どのように）の強化を考えるということです。例えば，

いきなり「商品開発力の強化」といっても，どのような顧客に，どのような商品を買ってもらうのかが明確にならないと，どのような商品開発のやり方が有効であるかがわからないからです。

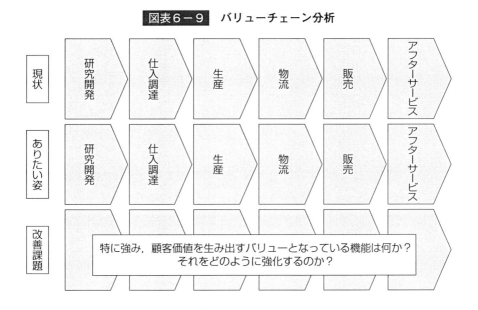

図表6-9　バリューチェーン分析

また，B to Cの業態では，「ターゲット＋4P」のフレームワークの活用によるマーケティング戦略の強化が有効となるケースが多いといえます。ターゲット＋4Pとは，ターゲット顧客に対して，「何を売る（売り物：Product）」，「いくらで売る（売値：Price）」，「どこで，どのルートで売る（売場：Place）」，「どうやって売る（売り方：Promotion）」の4つのPをどのように効果的に組み合わせるかのマーケティング戦略を考えるフレームワーク（道具）です。ターゲットのニーズや買い方との不一致や4つのPの整合性，一貫性に問題があると効果的なマーケティングとならないことになります。

図表6－10 マーケティング・ミックス（ターゲット＋4P）

　以下に，飲食店におけるターゲット＋4Pを活用した改善策検討のフォーマットを提示します。他の業種での検討にも参考になると思います。

図表6-11 飲食店における「ターゲット+4P」を活用した戦略検討

項目	質問	回答	評価・改善点：もっと良いやり方はないか？	
ターゲット	・ターゲットとされた顧客セグメント層はどのようなものか？		・他にも，良いターゲットはないか？	
Product（製品・商品）	・お客様がその店舗に行ったことによって得られた商品，ベネフィット，メリット，価値はどのようなものか？ ・他の競合する店舗でなく，その店舗したのはなぜか？		・他のベネフィット，メリット，欲求はないか？ ・他のターゲット+4Pとの整合性で問題はないか	一貫しているか
Price（価格）	・一人当たりの飲食単価は？ ・その価格を妥当と思いますか？ ・なぜ，その価格を妥当（高い，安い）と思いますか？		・価格政策は，もっと良い方法はないか？ ・他のターゲット+4Pとの整合性で問題はないか	
Place（立地，販売チャネル）	・その店舗はどのような立地にあるか？ ・その立地は良いと思いますか？（なぜ？）		・もっと買いやすくする方法はないか？ ・他のターゲット+4Pとの整合性で問題はないか	
Promotion（広告・販売促進）	・お客様はその店舗をどのように知ったのか（広告）？ ・どのようにその店舗へ決定を促されたか？		・もっとよく知ってもらう方法はないか，販売促進の方法はないか？ ・他のターゲット+4Pとの整合性で問題はないか	

(5) 事業構造の高収益構造化のまとめ

　上記の「顧客構成」，「商品構成」，「自社のあり方（経営機能）」の高収益構造化がなされて，「事業構造の高収益構造化」となります。

　経営は変化対応業であるといわれます。現在の顧客，商品，経営機能の3つの視点から，事業構造がどのような状態であるか確認し，事業環境の変化を察

知し，3つの事業構造の改善，その結果として5つの財務構造のレベルアップ，変革を志向する必要があります。

ただし，「変化に対応する」ことと「変化に振り回される」ことはまったく違います。事業経営におけるあるべき変化への対応は，自分の強み，戦略の軸をしっかりと持って，それをひたすら磨き続けることが最重要です。磨き続けないと魅力ある強みになりません。しかし，その磨き方が自分よがりになってしまっては意味がありません。そこで，顧客の求めることの変化，競合企業の状況など外部経営環境の変化も考えながら磨くということが大切です。

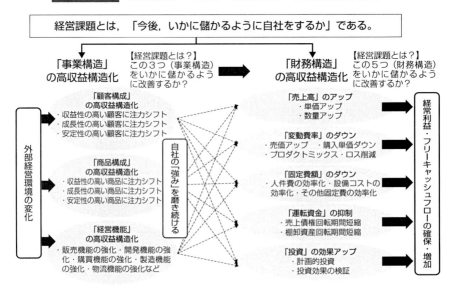

図表6－12　経営課題への対応＝経営改善の未来設計図を描くこと

4. クロスSWOTを活用した重要戦略テーマ設定のコツ

　ここまでで経営改善の未来設計図を描くため，どのように事業構造を高収益構造化して財務構造の高収益構造化を実現するのかの基本的な考え方，方向性はご理解いただけたと思います。それでは，事業性評価シートで多く取り入れられているSWOT分析のフレームワークを活用して，具体的にどのような手順で事業構造の高収益構造化につながる重要課題や戦略テーマを設定したらよいのかを説明します。それには，クロスSWOT分析の考え方を使うとわかりやすいでしょう。その活用のコツをご説明します。

(1) SWOT分析とクロスSWOT分析

　SWOT分析では，機会を活かす，脅威を回避する，強みを活かす，弱みを克服する，の4つの視点から経営課題，経営戦略テーマを抽出します。しかし，SWOTの各項目は結構集まったけれど，ここからどう経営課題を設定したらいいのかがわからず戸惑っていたり，SWOTの各項目の数だけやたら課題が多く設定されたり，SWOT項目とどう関係しているのかがわからない課題が突然出てきたり，本当に重要な経営課題，戦略テーマは何であるかが不明確となっているケースが多く見られます。
　そこで，「強み」「弱み」「機会」「脅威」を結び付けてクロスさせ，戦略的な経営課題を抽出するためのフォーマットとしてクロスSWOTのフォーマットが紹介され，活用されているケースも多く見られます。

(2) クロスSWOTの活用にはコツがある

　しかし，このクロスSWOTのフォーマットを使って課題設定ができるようになり，確かに進歩はしたように感じるが，本当に重要な経営課題が設定できているかについて，未だどうもしっくりとこないと感じている方も多いと思い

図表6-13　クロスSWOT分析

（シンプル）SWOT分析
（「強み」「弱み」「機会」「脅威」の4つの視点で，企業の状況を整理し，戦略的経営課題を考えるツール）

→

クロスSWOT分析
（「強み」「弱み」「機会」「脅威」をクロスさせ，「企業の戦略的経営課題」を抽出するツール）
より戦略的経営課題の抽出に力点を置いたツール

		外部環境分析	
		機会（O）	脅威（T）
		O:1　O:2	T:1　T:2
内部環境分析	強み（S） S:1　S:2	①「強み」を「機会」に活かすために取り組むべきことは何か S:1　O:1	②「強み」によって「脅威」を回避するために取り組むべきことは何か S:2　T:1
	弱み（W） W:1　W:2	③「機会」を「弱み」によって逃がさないために取り組むべきことは何か W:1　O:2	④「脅威」と「弱み」により最悪の結果とならないために取り組むべきことは何か W:2　T:2

ます。

　クロスSWOTの活用にあたって，思考の軸がないと，単なる機会・脅威・強み・弱みの「組み合わせ作業」となってしまって，しっくりこないケースも多くなっていると思われます。クロスSWOTを使ってしっくりくる重要な戦略的テーマを設定するためにはコツがあります。そのコツは以下の4点です。

① 財務上の課題を明確に意識する。売上高か変動費率か固定費か，運転資金，投資か

　財務分析から抽出された重要経営課題は，5つのポイントのどこに強い関連性あるのかを意識します。そして，クロスSWOTによって設定すべき経営課題がどのような財務的な効果に結び付く必要があるのか，事前に確認しておきます。

第Ⅵ章　Step4 理論編　財務分析と事業分析を結び付けた経営課題・改善の検討　173

② 重要度の高いSWOT項目をセレクトする。各3〜5個程度

　「強み」「弱み」「機会」「脅威」の各SWOT項目が重要度の高いものから低いものまで多く記載されていると，それを使っての課題思考はどうしても拡散してしまい，まとまりにくい傾向があります。そこで，各項目で本当に重要な項目（財務的な影響や効果が高そうな項目など）を3〜5個程度に絞り込みセレクトします。

③ 「強み」の重要なものに優先順位を付けて，重要度の高いものと，機会・脅威を結び付ける

　経営課題を検討するうえで，「強み」「弱み」「機会」「脅威」の各SWOT項目の中で，最も重要な軸となるものは，「強み」です。強みの重要なものに優先順位を付けて重要度の高い「強み：S」から順番に「機会：O」との結び付けたSO戦略「●●という強みを活かして，■■という機会に活かして▲▼をする」を考えます。次に，「強み：S」と「脅威：T」とを結び付けたST戦略を考えます。この「強み」を軸とした戦略テーマを重要課題として設定しましょう。場合によっては「弱み：W」の改善が重要課題となり，WO戦略やWT戦略なども重要な課題となることもありますが，最も優先すべき重要課題は強みを軸としたSO戦略やST戦略となるケースが多いといえます。

　また，「●●という強みを活かして，■■という機会に活かして▲▼をする」のように，SWOT項目でどれとどれを結び付けて課題を設定したのかがわかるように記載することもポイントです。それにより，外部環境分析，内部能力分析から収集されたSWOT項目と課題との結び付きが明確にわかり，SWOT項目とどう関係しているのかがわからない課題が突然出てくるといった論理の飛躍を防ぐことができます。

④ その課題の財務的な効果が財務上の課題の解決に直結しているか検証する

　最後に，抽出された重要課題の財務的な効果について確認し，財務上の課題の解決に直結する有効なものであるか，実行が可能な課題であるかどうかを検

証します。

　上記のうち，②の「重要な項目に絞り込むこと」，③の「強みを軸に課題を設定すること」は特に重要なコツであると思います。

(3)　なぜ，「強み」を軸に重要戦略テーマを設定すべきなのか

　「強み」は，お客様が選ぶ理由であり，競争力や利益の源泉となるものです。それが事業戦略の大黒柱となるものでした。経営は「経営環境変化に合わせた自社の事業構造（誰に，何を，どのように）の高収益構造化」でした。しかし，経営環境変化に「対応する」のと「振り回される」のはまったく違うことでした。自社の「強み」をしっかりと認識しそれを経営戦略の軸にして，経営環境変化の機会（O）を取り込む，脅威（T）を回避することが経営の重点課題であることになります。逆に，機会・脅威などの外部環境変化を軸とすると，環境変化に振り回される結果となりやすいといえます。また，弱みを軸とすると，弱みを改善しても顧客に対して高いレベルの魅力とはならず，長期的な競争力強化にはつながりにくいということもいえます。

　したがって，クロスSWOTでも，強みを軸に課題を思考することが最も合理的であるといえるのです。

　これまで，クロスSWOTを実施されていた方，初めて知った方もいるかもしれません。コツをつかめば重要経営課題の設定がこれまでよりしっくりするようになると思いますので，是非，試してみてください。

第Ⅵ章 Step4 理論編　財務分析と事業分析を結び付けた経営課題・改善の検討　175

5. 財務構造の改善の具体策のポイント

　これまで，「強み」をベースにした事業構造の改善を考えてきました。その事業構造の改善の結果として，財務構造が改善されることになります。まさに，財務＝事業ですので，一体的な思考で事業から考える，財務から考える，この両面からのアプローチができることが非常に重要です。「経営は逆算である」ともいわれます。ここでは，結果，成果からの逆算で財務構造の改善の5つの視点をベースにした事業構造の改善ポイントについて考えてみました。

図表6-14　経営改善の具体策の例示

	改善具体策の例
	売上高増加＝マーケティング力×セールス力×マネジメント力
(1)売上対策	【マーケティング力の強化】 ①ターゲット顧客が自社商品を「買う」理由は明確か？（「どうしてあなたからこの商品を買わなければならないのか？」と問われた時の「答え」） ②集客のしくみ　見込み客⇒顧客⇒固定客 ③売上高の分解（例）売上高＝顧客数×商品単価×購入点数×購買頻度　分解により対策が具体化＝成果と直結する。　【セールス力の強化】 ④（どのようにして買ってもらうように頑張るか）（顧客接点の量・質の強化）：シーンを思い浮かべる ●販売力・営業力強化（人員・訪問回数・提案営業など） ●販売チャネルの強化（顧客の買い方は？戦略実行に最も有効な販売チャネルは？）
(2)限界利益率対策	【利益率を改善する4つのポイント】 ①売価設定：値上げ，値引きの抑制　②仕入価格の低減 ③セールスミックスの改善 ④ロスの削減：不良率，歩留まり率など |　　　|売上高|限界利益|限界利益率|売上高構成比|相乗積| |全社合計|1000|270|27%|100%|27%| |A商品|500|100|20%|50%|10%| |B商品|300|90|30%|30%|9%| |C商品|200|80|40%|20%|8%| どの商品をどれだけアップすれば，それだけ全社アップするか，が見える　全社限界利益率＝各限界利益率×売上高構成比 27% ＝ 20%×50%＋30%×30%＋40%×20% 　　＝ 27% 【利益確保は前段階（川上）から】：受注段階，企画段階で知恵を絞る。コスト管理よりコスト企画。
(3)固定費対策	【許容固定費内に押し込む】 許容固定費＝目標限界利益－目標（必要）利益 許容コスト（人件費，人員数など）でこなすためにはどうするかに知恵を絞る ex）適正人員数＝許容人件費÷平均人件費＝許容人員数（その人員数でどう「やりくり」するかを考えない限り黒字化できない） 管理・業務は最小に（何のための管理・業務か？やめたらどんな問題があるか）

(1) 売上高改善のポイント

　売上高の増加は,「マーケティング力×セールス力×マネジメント力」の3つがポイントとなります。マーケティング力とは,お客様が自社を選ぶ理由を明確にしてお客様を惹きつける力（プル）です。セールス力とは,関心を持ってくれたお客様に実際に購買してもらうための販売力（プッシュ）です。マネジメント力とは,このマーケティング力およびセールス力をPDCAを回しながら継続的に高めていくための取り組みのことです。

　上記のポイントにおける売上高の増加のための施策は,多岐にわたりますが,特に重要と考えられるポイントについて述べます。

① ターゲット顧客から選ばれる理由（強み）の明確化

　まず,ターゲットとなる顧客が明確になっている必要があります。そして,そのターゲットとなる顧客から直接聞かれることはあまりないですが,「どうしてあなたから,この商品を買わなければならないか？　どんなメリットがあるのか？」と聞かれた場合に,明確なメリット,必要性を答えられるようにしておく必要があります。それが現在明確になっていない場合には,「現在買ってもらっている自社の主要顧客は,多くの競合企業がある中で,なぜ当社を選んで購買しているのか？」の問いをして,そのヒントを探すのがよいと思います。

　この明確なメリット,必要性,すなわちお客様にとっての価値を明確に説明できないと,「安くしますので買ってください」というお願い営業になってしまいます。この価値を明確にすることで,ターゲットとなる顧客（顧客構成の高収益構造化）や営業スタイルが変わり（営業機能の高収益構造化）,販売単価や利益率に大きな改善効果が出てきます。

　金融機関の法人取引においても,このことを真剣に考えてみる必要があると思います。このお客様にとっての価値づくりに事業性評価が活用できると思います。

第Ⅵ章　Step4 理論編　財務分析と事業分析を結び付けた経営課題・改善の検討　177

例えば，「あの金融機関と付き合うと事業性評価シートでコンサルティングしてもらえる。それにより定期的に経営全体を俯瞰でき，客観的な意見ももらえる。それがヒントで儲かるように改善していくことができる」などの顧客からの評価，評判ができると，金融機関として，事業性評価シートを使っての顧客メリット，選ばれる理由づくり，強みが確立され，金利競争からの脱却ができることになります。

② **集客のしくみづくり**

　会社の利益は，お客様から得られます。したがって，お客様を増やす集客活動を継続的に実施することが非常に重要です。しかしながら，この集客を「しくみ」として構築することはなかなか難しいものです。このしくみにより，お客様が確実に増加していく会社は，収益，利益を安定的に増加させることができることになります。

図表6－15　集客モデル

- 集客モデルとしては以下のように見込み客，顧客，固定客に分けて顧客を育成する農耕型の集客が有効である。「売れるしくみ」とは，この「**見込み客⇒販売⇒固定客化**」といった一連のフローを持って販売することである。
- すべての段階に，有効なしくみを用意し，PDCAで改善して効果アップし続ける必要がある。

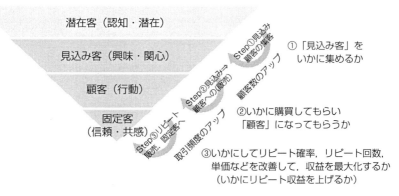

まず，Step①「自社の見込み客をいかに集めるのか」です。展示会に出展し

たり，特典を付けてメールアドレスなどを集めることは，この見込み客を集めることになります。自社商品に関心のあるできるだけ多くの見込み客を集めることが重要です。次にStep②見込み客の中から「いかに実際に購買してもらい顧客になってもらうのか」を考える必要があります。初回特典，お試し価格などで販売するのはこの取り組みです。見込み客の中から，実際の購買者である顧客になってもらう確率をいかに高めるのかがポイントです。しかし商売は一度の取引だけではなかなか儲かりません。Step③「顧客の中から継続的に購買してもらえる固定客を増やす」活動も重要です。ポイントカードや期限付きの割引クーポン等によって，次なるリピート購買に結び付ける取組みなどです。

以上のような見込み客を集めるしくみ➡顧客になってもらうしくみ➡固定客になってもらうしくみのことを，合わせて「集客のしくみ」といいます。お客様は，狩猟的に獲得するものではなく，長い年月をかけて農耕的にファンを育てて集める必要があります。お客様が思うように増えていない場合には，この集客のしくみのどこかに問題があることになります。

このしくみは，ネット販売や通信販売，小売り，飲食店などのB to C業態には多く普及しているものですが，B to Bでも活用できます。むしろB to Bの場合には継続的な取引が前提となりますので，この集客のしくみが構築できた場合の効果は非常に大きいといえます。

それぞれの会社に当てはめて，自社ではどんな集客のしくみ構築ができるかを検討することをお勧めします。この集客のしくみで顧客数を安定的に増加させ，売上高を増加させることができます。ぜひ，上記の集客モデルを参考に，担当取引先の集客方法の改善策について一緒に検討してみてください。図表6－16に検討のためのフォーマットを記載します。

また，一度整えた集客のしくみについては，その効果をチェックして，レベルアップし続ける必要があります。

③　売上高は分解して考える

売上高は，合計の金額を見ても実感が湧きにくいものです。売上高は，「単

図表6-16 集客のしくみ検討フォーマット

	具体策
Step① 「見込み客」をいかに集めるか	
Step② いかに購買してもらい「顧客」になってもらうか	
Step③ いかにしてリピート購買してくれる「固定客」になってもらうか	

価×数量」，あるいは顧客別，商品別，拠点別などに分解して捉えることが非常に重要です。売上高がどのように作られているのかを把握することは，事業内容を把握する基本になります。

売上高の分解（例）

```
【小売業】
  売上高＝顧客数×商品単価×購入点数×購買頻度
【ホテル・旅館業】
  売上高＝客室数×営業日数×稼働率×平均宿泊単価/人×平均宿泊人数/室
【製造業，卸売業】
  売上高＝顧客別売上高の合計　など
```

売上高を分解して把握することにより売上高の増加のための対策が各構成要素別に検討でき，より具体的になり成果と直結するものになります。

④ セールス力の強化

セールス力の強化とは，販売機能の強化であり，マーケティングによって惹きつけた（プル）目の前のお客様に，実際に購買をどのように決定して買ってもらうように頑張るか（プッシュ）ということです。まず，売上高が計上されるのは，お客様が購買した時ですので，どんな場所で，どのようにして購買されているのかのシーン（場面）を思い浮かべる必要があります。そして，セールス力の強化とはその顧客接点の量や質の強化を図ることです。顧客接点の量や質の強化ができれば，確実に売上高を増やすことができるでしょう。

顧客接点の量の強化としては，営業担当者を増員する，訪問回数を増やす，販売チャネルを増やす，などであり，質の強化とは，営業マンのセールストークの強化，営業ツールの改善，提案営業の強化などです。

セールス力の強化で注意したいことは，「どうしたら売れるか？」と「どうしたら買っていただけるか？」は経済行為としては同じことですが，後者のお客様の立場で考えることです。スタンスの違いで改善アイデアの発想の幅や有効性は大きく違ってきます。

(2) 限界利益率（変動費率）改善のポイント

① 限界利益率改善の４つのポイント

限界利益率の変化は，経常利益に大きなインパクトを与えます。例えば限界利益率の１％の変化は絶対値としては0.01であり小さいように感じますが，売上高の１％分だけ利益額が増減することを意味します。売上高が10億円なら経常利益は10百万円，売上高が100億円なら１億円の経常利益の違いとなります。その影響の絶対額は非常に大きなものとなります。

限界利益率を決定する要素は，基本的に以下の４つしかありません。限界利益率（変動費率）の改善のための具体策を検討する場合には，この４つの切り口で，「何か取り組んでいること，今後取り組みたいことはありませんか？」とヒヤリングしてみてください。「完璧にやっています」と言える企業はありませんので，必ず何らかの改善策を見つけ出すことができます。

a　売価設定の改善

売価が上がる，下がるによって限界利益率は変化します。値上げは，上がった金額分がその分だけまるまる利益となります。業績改善にとっては，非常に大きな力を発揮します。中小企業の多くで見られることですが，受注時の見積りが営業担当者に任せられており，属人的な方法で見積り提示が行われているケースがあります。このような場合に，見積りの仕方を統一したり，値引きを抑制，コントロールしたりすることでも，値上げと同一の大きな効果を得られます。

b　仕入価格の低減

変動費の主たる要素である仕入原価の低減を図ることです。新規仕入先の開拓，相見積りなどの価格交渉が考えられますが，長い付き合いを大切にして，「どうしたらコストダウンできるか」の知恵を協力して絞り，お互いに利益を得られるような交渉が望ましいといえます。

c　セールスミックスの改善

商品などの売上高構成比などの改善を意味します。企業全体での限界利益率は，各商品別の限界利益率と売上高構成比（％）の積（相乗積）の合計値となっています。したがって，限界利益率の高い商品の全体の売上高構成比を高めること，売上構成比の大きい商品の限界利益率を改善することに注力することにより，全体の限界利益率を効果的に高めることができます。

d　ロスの削減

製造業においては，不良率や歩留まり率などの改善，小売業などでは，万引きや商品の廃棄ロスを低減することを意味します。

②　利益率確保は前段階（川上）から

また，利益率を確保するためには，できるだけ川上の受注段階から知恵を絞

ることが大切です。メーカーでは，製造現場でのコストダウンは相当まじめに取り組み，今後大きなコストダウンの余地は期待できないケースが多く見られます。一方，見積受注段階や商品の設計企画段階では，まだ利益確保のために改善できる余地が残されているケースも多く見られます。製造現場でのコスト管理より，見積りや設計などの前段階でのコスト企画が大切です。ターゲットとなる顧客，製品を選びその製造コストに関して，見積り，設計，製造，出荷までの全工程を対象に，製造現場以外の部門も一緒にコストダウンや利益確保に知恵を絞れば，まだ改善の余地は必ず残されています。

コンサルティングにおいては，必ず見積りの段階からの改善を徹底して実施しています。コンサルティング実感として，中小企業では，営業での受注時の見積りの製造工数が，実際の製造現場での製造工数と一致しない，現実に即して計算されていないなどのケースが多く見られます。営業が考える見積製造工数と製造現場が考える製造工数が不一致であるということです。営業では受注単価に合わせて見積製造工数を少なく見積もり，製造現場ではある程度の余裕を見ての製造工数となる傾向があります。これでは，受注価格は低下傾向が続き，実際の利益はどんどん小さくなり，製造段階でのコスト削減も進まず，実際の利益はどんどん減少します。

ここで重要なのは，営業も製造現場も共通認識の一致した製造工数と工数単価による見積原価を持つことです。この原価をベースに，営業は受注時利益を確保できるように売価を維持向上させるように努力し，製造現場は，予定工数より少ない工数で実際に製造できるように努力することにより，はじめて全体の利益が確保できることになります。

第Ⅵ章　Step4 理論編　財務分析と事業分析を結び付けた経営課題・改善の検討　183

図表6-17　見積（予定）原価を活かした採算改善

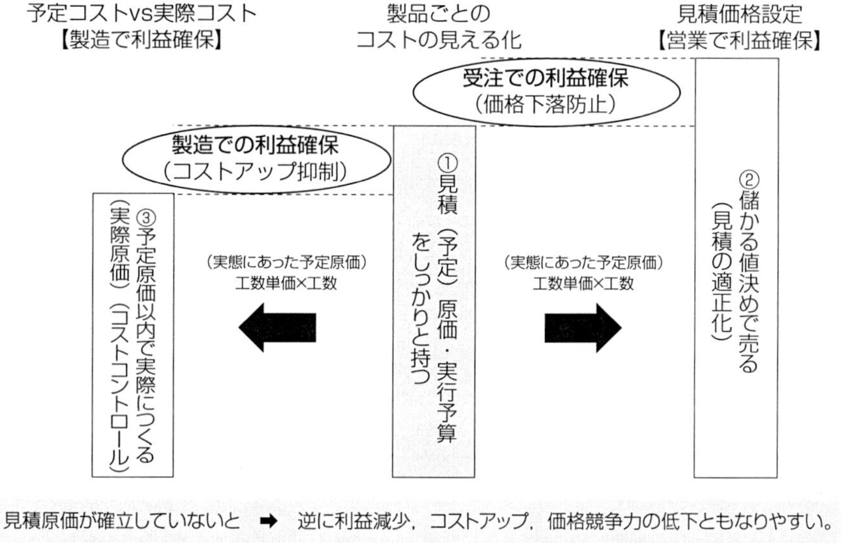

予定コストvs実際コスト　　　　製品ごとの　　　　　　見積価格設定
【製造で利益確保】　　　　　コストの見える化　　　　【営業で利益確保】

受注での利益確保
（価格下落防止）

製造での利益確保
（コストアップ抑制）

③予定原価以内で実際につくる（実際原価）（コストコントロール）　←　（実態にあった予定原価）工数単価×工数　　①見積（予定）をしっかりと持つ　原価・実行予算　　（実態にあった予定原価）工数単価×工数　→　②儲かる値決めで売る（見積の適正化）

見積原価が確立していないと　➡　逆に利益減少，コストアップ，価格競争力の低下ともなりやすい。

(3) 固定費改善のポイント

　固定費の削減は，どの企業も継続的に努力しています。中小企業においても，ほぼ限界まで努力しているケースが見られます。このような会社で，もう一歩踏み込んだ固定費の削減が必要な場合には，「許容固定費」という考え方が必要です。

　許容固定費とは，目標限界利益から目標（必要）経常利益を差し引いたものです。すなわち，目標経常利益を確保するために，「使える固定費の額はいくらか」ということになります。家計でも，使える金額で「やりくり」することがありますが，それと同じ意味です。

　固定費の主なものは人件費です。許容固定費から減価償却費などの設備関係費，その他固定費などを差し引いたものが「許容人件費」となります。この許容人件費を1人当たり平均人件費で除すると，許容人員数が計算されます。この人員は，目標経常利益を確保するための適正な人員数と考えることができま

す。現在，多くの企業で働き方改革などがうたわれ，業務の見直しが行われています。この人数で業務をこなすためには，どの業務の残すのか，なくしたらどんな問題があるのかなど，ゼロベースで業務を見直す必要があります。どれくらいの時間をかけて改善できるのかの違いはありますが，その人員数でやりくりすることは工夫次第で必ずできます。中小企業では人員不足が恒常化する傾向があり，思うような採用ができにくくなっています。そのような状況を逆に従業員の協力を得るチャンスにして，許容固定費の考え方で，固定費の削減に取り組むことが求められているともいえます。

　もちろん，削減対象は，①金額的な重要性が高いもの，②事業に直接的な営業の少ない間接・管理費を優先して実施すべきです。

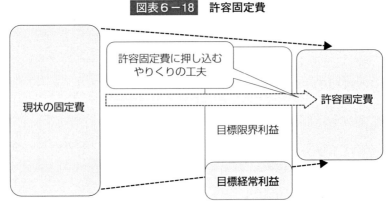

図表6-18　許容固定費

削減対象固定費は，①金額的な重要性の高いもの，②事業に直接的な影響の少ない間接・管理費を優先して実施する。

(4) 運転資金の改善ポイント：在庫削減のポイント

　運転資金は「売上債権＋棚卸資産－買入債務」で計算され，「回転期間」で良否を見て，改善することが重要です。ここでは，その中で特に重要な改善ポイントとなる棚卸資産の削減，回転期間の短縮について記載します。

　在庫は，お金が形を変えたものですが，陳腐化リスクなどがあり，できるだ

け早めに販売して利益化，現金化したいものです。しかし，工場はできるだけ効率的に製造するために，一度に同じ製品を大量に製造したいと考えます。一方，営業は，得意先が，多品種の製品を少量ずつ望み，多品種少量ずつの販売になりやすいといえます。

ここに，「製造の効率化の考え方」と「販売の顧客対応の考え方」のギャップが生まれます。このギャップをうまく調整しないと，「在庫過多」や「欠品」ということになります。このギャップを解決する活動が「在庫管理」です。

よく，製造と販売の合同会議を行って，販売計画に合わせた生産計画を作ろうとしていますが，販売計画の変更が頻発し，工場側では，「どうせ変更される販売計画」に合わせた生産計画を組まなくなる傾向があります。そして，欠品を避けるために在庫を多めに持つようになり，在庫の問題がいつまで経っても解決されないことになりがちです。

また，営業部長と工場長はなかなか意見がかみ合わず，陰でお互いの悪口を言い合っているケースも多く見られます。上司がそうであると，中間幹部層，現場社員同士もなんとなくお互いが反目して，「営業が売ってくれないから」，「製造が売れる製品を作ってくれないから」などと不満を言い続ける会社も本当に多くあります。製造業以外でも，小売業では，本部バイヤーと店長，卸でも商品部と営業部などで同様のケースが多いといえます。

在庫回転期間の良否は，わかりやすくいえば，工場長と営業部長，バイヤーと店長，商品部と営業部，という人間関係の良否にまで影響を与えるものなのです。この「在庫＝人間関係」という問題認識を持てば，このままではいけないと考え，部門間のコミュニケーションを改善し，その具体的な成果を「在庫削減」という目に見えるもので測ることができるのではないか，と考えています。

それでは，以下に在庫管理に関する具体的な改善ポイントを挙げます。

① 5Sの強化

5S（整理・整頓・清掃・清潔・躾）のうち，特に2S（整理・整頓）がで

きていない現場では，どこに何があるのかが明確になっていないケースが多いといえます。在庫管理の前提として5S，特に2Sの徹底が重要です。

ちなみに，整理と整頓の意味については，基本ですので必ず押さえておきたいところです。「整理」とは，まず，いらないものを捨てることです。そして「整頓」は，整理した後に，必要なものがすぐに使えるようにものの置き場を決めることです。

② 在庫の見える化をする

ムダな在庫，過剰な在庫がどのくらいあるのかの問題点を「見える化」することで在庫を減らすことができます。例えば以下のようなことがあります。
- ・不良在庫置き場を決めてムダな在庫を見える化する。
- ・入荷した日にちや在庫期限を外装に明示する。
- ・棚に積み上げた場合の高さで基準となる適正在庫や発注点などをわかるようにしておき，過剰在庫を見える化する。
- ・過剰在庫置き場を別途設置して見える化する。

③ 在庫の拠点，スペースを減らす

売上高の拡大，顧客の増加，製品の増加などにより，外部倉庫や工場内スペースの在庫拠点が増加する傾向にあります。在庫拠点が分散すれば，どうしてもそれぞれに安全在庫を持とうとしますので，いっそう在庫量が増加します。逆に，拠点を集約すると在庫は減少します。常に，在庫拠点の必要性を見直し，集約したらどんな問題点とメリットがあるかの比較考量をすることが必要です。

④ 流通倉庫，工場内での工程を統合して，経路を短くする

流通段階，工程段階が多くなればなるほど，在庫拠点が増え，かつそれぞれの段階で安全な在庫を持とうとするため，全体の在庫量は増加します。顧客と倉庫を共同化するなど流通倉庫を統合することや，自社工場内での工程を統合して，経路を短くすることで，大きく在庫を減らすことができます。

⑤ 生産ロットの小ロット化

月1回の生産では、リードタイムから最低でも製品の安全在庫は1か月分となります。欠品防止のためにも、生産ロットを小ロット化することが望ましいといえます。ただし、生産アイテムの絞り込みや切り替えの短縮化などの工夫は同時に必要です。

⑥ 材料の調達リードタイムの短縮化

調達リードタイム、発注サイクルが長いと、材料在庫は多く持つ必要があります。調達期間の短縮化を進めることは在庫削減につながります。

⑦ 受注の頻度を増やす

受注頻度を増やすことで、一度での配送量が減り、商品在庫を減らすことができます。もちろん、配送ロットが小さくなることによる配送コストアップも考慮する必要はありますが、配送作業の平準化のメリットもあります。また、顧客側でも在庫削減メリットを享受できることから、コストを共同で負担するなどの交渉も可能です。

⑧ 在庫管理責任者を明確にする

「適正在庫」とは、販売予測に基づいて、過剰、過少でないということですから、販売予測情報を有する人が、販売予測から適正な在庫をチェックする必要があります。当該権限を持つ専任部署（営業企画課など）か、営業部門が在庫管理の責任を持つということが最も適しているといえます。特に、製品在庫については、生産部門でなく営業部門が責任者となることが妥当であると考えています。仕掛品や材料在庫については、同様に販売予測に基づく需要予測から適正在庫を判断することになりますが、調達部門、製造部門が責任者となることが通常です。

⑨ 在庫情報の全社的な共有化

　全社的な在庫回転率（回転期間）の目標や基準と比較して長期化しているアイテムについて，月次など定期的に会議などで報告し，共有化するようにします。在庫回転率（回転期間）や交叉比率（＝粗利率×回転率）のワースト順などの共有化も考えられます。

(5) 投資効果改善のポイント：設備生産性をチェック

　経営は，投資をしてリターンを得る活動といえます。したがって，効果的な投資を行うことは，経営の根幹にかかわる重要事項です。しかしながら，事業年度ごとの損益計算に関心が集中して，意外にも投資効果に十分な関心が置かれていないケースが多いといえます。

　まず，投資は自社から多額のキャッシュが流出するものですので，計画的に効果的な設備投資を実施することが重要です。今後3〜5年間程度の主要な設備投資計画の策定が望まれます。しかしながら，このような設備投資計画を策定している中小企業はほとんどありません。

　投資の効果は，「設備生産性」などを使って計測することができます。設備生産性とは，設備投資に対するリターンの割合を表す指標で，「付加価値（限界利益）÷有形固定資産残高」で計算されます。この値は，短期的に見れば設備投資をした時には一時的に小さくなる傾向がありますが，その後は，償却による簿価の減少と設備投資効果が出て，徐々に大きくなることが想定されます。その繰り返しの中で，長期的に徐々にこの値が上昇していることが望ましいといえます。

　しかしながら，設備投資過多の企業の場合には，長期的にこの値が低下傾向であることがあります。そのような場合には，「設備生産性＝売上高付加価値率×有形固定資産回転率」に分解されますので，製造製品の付加価値率，すなわち「利幅」が低下しているか，それとも投資した設備の稼働率（回転率），すなわち「活用度」が低下しているのではないか，などをチェックして，有効な対応策をとる必要があります。

第Ⅵ章 Step4 理論編 財務分析と事業分析を結び付けた経営課題・改善の検討

　最近は，リースやレンタル契約が多くなっていますが，分母に有形固定資産を使わず，損益計算書上の減価償却費，リース料，修繕費などの設備関連の固定費を使い，分子には付加価値（限界利益）を使うことでも，投資効果の傾向を把握することも可能です。

　また，大規模な投資を実施した場合には，投資効果について検討された投資計画が個別に策定されるケースが多いといえます。投資後に，当初の投資計画と比較して想定した投資効果が実現できているのかを検証することも重要なポイントとなります。

経営のあれこれコラム

■経営は逆算である

「本は最初から読むが，経営は最後から読む」。これはかなり以前に師匠である先輩コンサルタントから教えていただいたことです。経営では，まず「何を目指すのか？」「目標は？」「どうなりたいのか？」「どうしたいのか？」があって，その実現のために何をするのか，という思考法が求められます。

この「どうなりたいのか？」「どうしたいのか？」は，いわゆる経営の「目的」となります。「手段の目的化」などと揶揄されることもありますが，しっかりとした目的意識を持ち続けることは意外に難しいものです。経営のあらゆる場面でこの目的意識をしっかり持つことが，経営実務では一番大切ではないかと思うこともあります。

経営に絶対的な正解はありません。また，何がよいかは目指すものによって異なります。経営者はそのような中で重要な経営判断を求められます。そのため，しっかりとした判断基準が必要ということになります。この判断基準となる唯一のものが，「どうなりたいのか？」「どうしたいのか？」という「目的」なのです。

新しい設備の導入，新しい組織への変更，ITシステムの導入，人事処遇制度の改訂，原価計算制度の導入，業績管理システムの改善などなど，経営コンサルタントとして社長からアドバイスを求められることが多くあります。その場合に，まず最初に社長にその設備などを導入して「どうしたいのか？」の目的をまず伺います。その目的がわかれば，より効率的に，効果的にするためには，どんな設備がよくて，それをどう活用するのがいいか，筆者の頭でも必死に絞ればなんとか目的に沿ったやり方がアドバイスできるものです。もし，その目的が不明確であったら，まず，目的を明確にしない限りは設備投資自体を考え直すように社長にアドバイスします。

「経営は逆算である」。このことは，常に頭に置いておく必要がある言葉であると思っています。

第Ⅶ章

Step5 理論編
金融機関としての課題に対するサポート策の検討

1. 事業性評価の活用による取引先の経営改善は，金融機関の「顧客構造の高収益構造化」である

　取引先への設備投資資金，在庫資金などの融資は，取引先自身にとってみれば事業上の経営課題への対応のための手段の1つです。当たり前ですが，不要な借入金はしたくないものです。従来は取引先からの融資の申込みを待って資金を提供する営業形態が通常であったと思います。そのため，融資にあたっては，債権者の立場から担保重視となり，他の金融機関との単純な競争関係の中で金利競争（価格競争）となることが多かったといえます。

　事業性評価では，その目的である事業上の経営課題を理解し，経営課題の解決のためのさまざまなサポートを実施する中の1つとして融資が位置付けられることになります。そこでは，担保重視でなく，事業キャッシュフローによる返済能力が一層重視されることとなり，事業の目利き力が重要となります。

　また，地域経済の活力が自己の金融機関の収益力に直結する地域金融機関にとっては，地域の顧客との関係が独自の経営資源，経営財産であり，関係性の構築が強みとなり，戦略の軸となります。そして，事業性評価の活用による取引先の経営改善は，金融機関の「顧客構造の高収益構造化」そのものです。したがって，事業性評価への取り組みは，金融機関の事業戦略の大黒柱となるべきテーマであるといえます。

　この事業戦略の成功のためには，「結果としての利益獲得」という考え方がとても重要です。優良な企業の社長はこの考え方をしっかりと持っています。しかしながら，現在の金融機関の中には，まず利益獲得という発想，すなわち利益の目的化の発想から抜けられないケースが，多くの法人取引の現場で見られます。これは，期間損益で拠点や個人の経営成績が判断されるしくみが影響していると思います。このため，事業性評価が大切であると言いながら，法人営業の現場では，融資や自社の金融商品販売が優先的な目的となり，企業を見る視点が小さくなり，プロダクトアウトの発想から抜けられない根本原因と

なっているのではないかと感じています。
　これまで述べてきたとおり，
　① 自分が社長だったらという当事者の立場で，中長期的な視点で，取引先はどうしたらいいのか，どうしたら今後儲かるようになるのか，の経営課題を考え，
　② その経営課題に対して，金融機関として何ができるのかを考える
ことが，事業性評価のメガネで考え，金融機関が取引先にパートナーとして認められる条件であると思います。

図表7-1　金融機関としてのサポート・支援策の提案

　商品ありきのプロダクト営業でなく，会社の経営課題，経営目標達成のために役立つサポート策の提案となっているか？

会社の経営課題・改善策	金融機関としてできるサポート策

2. 事業性評価の取り組みは，金融機関の「長期的な財産づくり活動」である

(1) 事業性評価の推進への戸惑い

　若手の金融機関の方々への事業性評価に関する研修で，「事業性評価にかなり時間をかけて取り組むことによって，それに見合うどんな営業上のメリットがあるのでしょうか」と聞かれたことがあります。質問した若手の担当者の方は，事業性評価への取り組みに対して否定的な考えがあって質問をしたのでなく，現場ではいろいろとやるべきことが多く，純粋に事業性評価に取り組む価値，意義がよくわからない，腹落ちできていないから質問してきました。そのように感じている現場の法人営業担当者の方も多いと思います。

　また，その上司の方々は，同じような質問を部下から聞かれたらどう答えるでしょうか？　上司の方にとって，事業性評価への取り組みをご自身はどう意義づけし，腹落ちしているのかということです。上司の方々は，バブル崩壊の不良債権処理から始まった金融検査マニュアルに基づくスコアリングモデルでの債務者区分づけの中で長く仕事をしてきました。そのため，この事業性評価への取り組みに戸惑いがあり，腹落ちできず積極的な推進に自らの気持ちを進められない方も多くいらっしゃると思います。

(2) 事業性評価は，最も重要な長期的な財産づくり活動である

　事業性評価への取り組みを短期的な成果を目的とした「営業活動」と位置づけ，実施すると，この活動は早晩頓挫すると思われます。事業性評価への取り組みを本格的に継続していくためには，経営トップ層が本当に重要な経営戦略の1つであると位置づけることが必要です。

　事業性評価への取り組みは，2つの意味で「金融機関の財産づくり」のための長期的，継続的な投資活動と考えるべきであると思います。

2．第Ⅶ章 Step5 理論編 金融機関としての課題に対するサポート策の検討

　1つ目は，目利き力という組織としての人材スキル財産を高める投資活動であるということです。それは，金融機関の人材の質は，提供サービスの質に直結しますので，金融機関の提供価値，サービスの高付加価値化，商品力の高付加価値化のための投資活動であるともいえます。

　2つ目は，顧客との信頼関係という財産を高める投資活動であるということです。特に，地域金融機関の最大の財産は地元の取引顧客ですので，この関係性を高めることは非常に重要な活動となります。しかし，従来の活動は，担当者ベースで，年度や赴任期間単位の短期的な成果を目的とした営業活動がメインになっていたと思われます。取引先の多くは，金融機関の自己都合優先の営業体質や金利ばかりの提案の金融機関との関係に，飽き飽きしているところも多いように感じています。特に，業績が優良な企業ほど，その傾向が強いといえます。

　お客様との対話を繰り返してお客様を理解し信頼関係を強くすること，お客様の経営課題を理解して課題解決をサポートすることは，いうなれば，ちゃんとお客様を見て活動するということで，どのような企業でも取り組んでいる顧客満足（CS）向上活動そのものです。それを法人融資活動でもしましょうという，当たり前のことが事業性評価を推進するということです。しかし，金融検査マニュアル時代にこのことが大きく損なわれたのも事実です。事業性評価への転換により，金融機関職員にとっては，本来の姿での本領発揮が求められる時代となったといえます。

　また，多くの金融機関の経営理念に挙げられている「地域貢献」の実現に直結する取り組みが，この事業性評価への取り組みです。

　売上はお客様が当社を選んでくれた点数であり，利益はお客様が当社を必要としてくれた点数です。この事業性評価シートによる財産づくりによって，各金融機関は長期安定的に儲かる事業構造を実現できると思います。特に，業績が優良な企業に対しては，取引金融機関の中でのかなりの差別化手段となりえます。したがって，事業性評価シートへの取り組みは，金融機関自体の事業性を高める活動であるといえます。

事業性評価への取り組みは，導入当初は，戸惑いや手探りの部分もありましたが，どの金融機関もなんとかして推進していこうという意向をお持ちでした。しかし，最近では，金融機関ごとに積極的なところと消極的なところなど，その取り組み姿勢に強弱が出てきつつあるように感じています。

　この事業性評価への取り組みの長期的な効果はかなり大きいと思われます。逆に，取り組みが不十分であると他の金融機関との格差が広がり，取り返しのつかない状況に落ち込んでいくリスクも高いと思います。

3. 事業性評価から考える「メインバンク」とは

　各金融機関は，望ましい取引ターゲットである「事業性の高い中小企業」から，他の銀行との違う価値を感じてもらい，単なる金利競争から抜け出したいと考えていると思います。すなわち，他行とは違うポジションとなりたいということです。例えば従来の「メインバンク」といったポジションです。しかし，金融機関担当者と取引先との接点は減少し，単に融資残高が一番大きいのがメインバンクといった関係となり，金利競争での優位性は弱くなっています。

　事業性評価による取引がクローズアップされているということは，このような金融機関の業界環境に大きな変化が起こりうることを意味します。事業性評価の視点から考えると「メインバンク」の意味が変わってきます。事業性評価から考えるメインバンクとは，最もその得意先企業のことを知っている，取引先から知ってくれていると思われている「パートナー」ポジションの金融機関であるといえます。そのような顧客との長期的な信頼関係が構築できていれば，時間的な差はあるかもしれませんが，いずれ取引残高でも「メインバンク」になることが容易に想定されます。融資残高トップは，その結果指標であるといえます。

　取引金融機関の中で，最も得意先企業のことを知っている金融機関となるこ

とは，現在残高メインでなくてもできることです。そのような金融機関は，事業性評価への環境変化をチャンスとして活かしましょう。逆に，現在メインバンクの先で，事業性評価が１番にできていないと，いずれその立場を失う可能性が高いということです。主要ターゲットの事業性の高い中小企業で，新しい意味でのメインバンクの位置をどれだけ確保できているか，「新メインバンク率」というべきものが，中小企業への的確な支援に基づく銀行の収益向上のための「戦略的重要経営指標」となりえます。すべての金融機関が事業性評価に取り組んでいますが，事業性の高い中小企業の事業性評価と戦略検討をその取引先と一緒に行い，取引金融機関の中でナンバー１の信頼関係を構築できるのは，１つの金融機関だけです。事業性評価を軸にした顧客密着関係を構築し，新メインバンクとしての地位を確保すべきです。

4. 一緒に事業性評価を実施することが一番効果ある支援となる

すでに述べましたが，事業性評価シートの作成に，取引先に参画してもらい一緒に作成することが，取引先の事業状況の改善，発展に直結する最も有効なアプローチです。それができれば，金融機関と取引先との関係は，より強固な信頼関係が構築できることになります。それらが，金融機関にとって事業性評価シートを活用した重要な成果となります。

優良な中小企業で，後継者が常務や専務のときに，後継者が経営者になるためのステップとして，経営全体のチェックと課題抽出のコンサルティングを依頼されるケースも多くあります。事業承継のタイミングで後継者と一緒にこの事業性評価シートを使って，経営全体のチェックと課題抽出を行うことは，企業にとっても金融機関にとってもメリットがあり，大変有効であると思います。

強い信頼関係が構築できていれば，取引先からも「こんなことをお願いできないか，調べられないか，支援してもらえないか」などの話をしてもらえる可

能性が非常に高くなるでしょう。コンサルティングにおいては，経営者といかにしてこの信頼関係を構築するかが，最大のポイントとなっています。

　本書でご紹介している事業性評価シートは，本書を参考にしながら，経営者がご自身で，あるいは幹部社員と一緒に作成することもできるようにしてあります。そこに金融機関の方のサポートがあれば，なおさら容易に作成できるでしょう。各金融機関の事業性評価シートはさまざまなパターンがあるかと思いますが，本書の事業性評価シートは，現在ある各金融機関の事業性評価シートを作成するうえでの参考添付資料として活用することも可能です。是非，使ってみてのご感想，ご意見などをいただけるとありがたいです。

第VIII章

成果の出る経営構造モデルの検討

1. 構造モデルによる経営のポイントの見える化

(1) 事業性評価における経営構造モデルの必要性

　新米コンサルタントとして修業を積んでいた30代の頃にいつも思っていたことがあります。それは，企業経営の全体像，キーとなるポイントのすべてをつかめるコンサルタントにとにかく早くなりたいということでした。当時は，財務，事業，組織のそれぞれの分野に関係するコンサルティングを別々に行っていましたが，経営の全体像がつかめていなかったので，正直にいうと，自分の提案が最善であるのか，他に優先して改善すべき経営課題があるのではないかと不安な部分がありました。その後約10年ぐらいで，いろんな分野の考えが結び付き始め，経営の全体像がある程度見えてきました。その結果，自分のコンサルティングに自信が生まれて，コンサルタントとして一人前になりつつある自分を感じました。

　事業性評価においても，企業経営の全体像，キーとなるポイントのすべてを押さえることがとても重要です。しかし，経営は絶対的な正解がなく，本当に難しいものです。事業性評価の推進を各金融機関が苦心している根源は，この経営の全体像と，そのキーとなるポイントが何なのかが定義されていないからではないかと思います。また，それらのポイントの相互関係がうまく説明できていないからだと思います。

　もちろん，経営者，コンサルタント，学者によっても考えるポイントは違う部分もあると思います。以下では，すでに説明している部分もありますが，経営構造モデルの押さえるべきポイントを「見える化」してみたいと思います。

(2) 事業構造の高収益構造化

　まず，事業構造は，すでに述べているように，「顧客市場（誰に）」「商品・

サービス（何を）」「経営機能（どのように）」の3つから構成されます。この3つが利益の源泉ですので，この3つを儲かるように常に変革していくことが経営であり，事業戦略です。また自社の強み，すなわち顧客から選ばれる理由を明確にして，それを磨き続けることが事業戦略の大黒柱でした。そして，その強みは，事業構造を構成する3つの要素のいずれかに分類されますので，事業戦略は，当該3つの構成要素を強化して，高収益構造化するための優先順位づけともいえます。

次に，組織構造は，経営理念，事業戦略などの事業方針の実行力，すなわち組織のパフォーマンスを高めることが中核テーマになります。どんな立派な事業戦略を構築しても実行できなければ成果となりません。成果は実行のみから得られます。したがって，組織の実行力を強化することは，組織構造の高収益構造化を意味します。事業性評価シートでは，組織構造も「事業構造」に含めて取り扱っています。以下では，企業全体にわたる組織構造についても，もう少し詳細に考えて見ます。

(3) 組織構造の高収益構造化

組織構造の高収益構造化とは，組織全体としてのパフォーマンスを最大化することです。「リーダーシップ」「個人のパフォーマンス」「コミュニケーション」「PDCAシステム」の4つがポイントとなります。

組織とは，目的を持った人の集まりです。目的を持たない単なる人の集まり，烏合の衆とは明確に違います。経営組織には経営理念や事業戦略などの目的があります。したがって，その組織の方向性を明確に設定し，組織に浸透させ，確実な実行に組織を動かす「リーダーシップ」が必要となります。リーダーシップは，経営トップに最も期待される役割です。その他ミドルマネジメントによる部門組織におけるリーダーシップの発揮も重要です。組織のパフォーマンスを最大化することがリーダーシップの目的です。

また，組織を構成する「各個人のパフォーマンス」は，組織の力の源泉となります。そのために，社員のモチベーションアップ，能力アップのしくみづく

りが有効になされる必要があります。

　そして，個々人の力を結集して組織としての力を高めることが組織の意義です。よくいわれることですが，1＋1が組織では2よりも大きくなることが期待されているのです。そのためにマネジメントが必要になります。マネジメントは「人のマネジメント」と「業務・仕事のマネジメント」の2種類があります。

　「人のマネジメント」は，お互いを尊重しながら，情報を共有化し，協働意識を高めることです。その最大のポイントは，「コミュニケーション」のあり方です。タテ・ヨコ・部門間などのコミュニケーションをうまくとることによって，個人のパフォーマンスの単純合計を上回る組織力が生まれます。

　「業務・仕事のマネジメント」は，PDCAをしっかりと回して，常に効果的，効率的な業務・仕事からの成果を上げられるようにレベルアップすることです。人は甘く弱いものです。その集団ともなればなおさら甘い雰囲気が組織に流れる傾向があります。そこで，PDCAをしっかりと回しながら，指摘すべきことはきちんと指摘していくマネジメントが必要です。

(4)　財務構造の高収益構造化

　最後は，結果としての儲けである「財務構造の高収益構造化」です。儲けを表すのは「フリーキャッシュフロー（FCF）」「経常利益」です。「経常利益＝売上高×限界利益率－固定費」ですので，収益構造を構成する3要素は「売上高」「限界利益率（変動費率）」「固定費」の3つです。その3つに「運転資金」をポイントに加えて，営業CFのポイントとなります。さらに，営業CFの主な使い道である「投資CF」を加えた5つのポイントが，FCFを創出する財務構造を構成する5つのポイントとなります。

(5)　あるべき経営構造モデルは常に変化する

　これまで見てきた経営構造モデルは図表8－1のように表現できます。事業性が高い会社と低い会社の違い，儲かる会社と儲からない会社はこの経営構造

第Ⅷ章　成果の出る経営構造モデルの検討

図表8-1　あるべき経営構造モデル

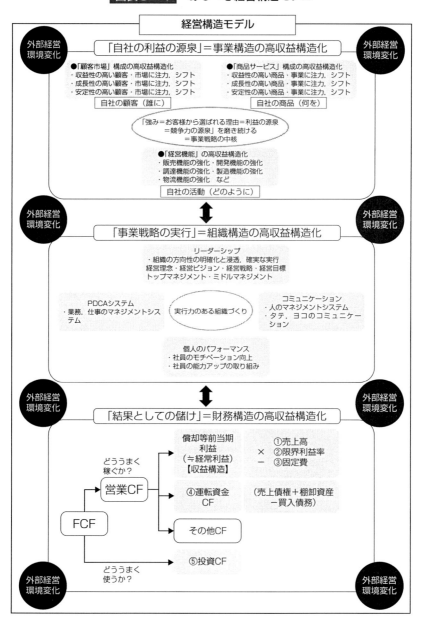

モデル図のどこに大きな違いがあるのか，チェックしてみるとよいと思います。

　また事業構造，組織構造，財務構造からなる経営構造モデルは，外部環境の変化の中で常に変革が求められます。経営には重い重力が利いており，自然と売上高，利益が増加することはありません。有効な対応策，変革をしなければ顧客ニーズの高度化，競合の激化などで，必ず儲かりにくくなります。儲かりにくくなるということは，事業構造，組織構造が低収益構造化している結果として財務構造が悪化するということです。

　変化はチャンスと考え，外部環境変化に適応して，常に事業構造の3つ，組織構造の4つ，財務構造の5つのポイントを改善し，経営構造の高収益構造化を目指すことが求められます。

2. 安定して成果を出し続けるためには

　事業経営は，常に「これからどうするか」ということですので，神様でない人間が行う以上は，絶対的な正解は事前にはありません。できることは，「いかにして成功確率を高めるか」ということといえます。

　そこでは，計画（戦略）と実行とPDCAシステムの運用が重要なポイントとなります。計画（戦略）＝事前によく考えて，実行＝しっかりと実行，PDCAシステム＝振り返りとレベルアップ，が必要であるということです。

　合理的な戦略に基づいて，確実な実行をしても，必ず成果が得られるものではありません。そのような時には，戦略の見直し，練り直しを図るなどの工夫が必要であり，いわゆるPDCAシステムは，この成功確率を高めていくのが役割といえます。

図表8-2　しっかりと組織として成果を出し続けるには？

組織として，安定的に成果を出すしくみ＝「PDCAサイクル」を回すこと

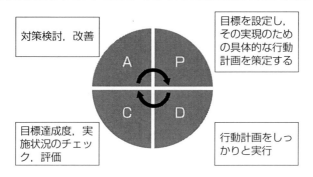

Plan：計画➡Do：実行➡Check：評価➡Action：改善

　この計画，実行，PDCAの3つとも「わが社は完璧にやっています」と言える企業はほとんどありません。PDCAをしっかりと回していれば，組織として安定的に成果，儲けを得ることが高い確率で可能になります。

　実際の経営では，競合の出現などの想定外の経営環境変化があるなどの「運」にも左右されます。しかし，戦略を修正，精度を上げるために，

　① 論理的思考に基づく合理的な戦略
　② 確実な実行
　③ PDCAサイクルを回すこと

この3つのレベルアップを確実に図っていく活動こそが，長期的に成功確率を高め，安定して成果を出し続ける唯一の方法であると考えています。

　事業性評価とは，そのような不確実性のある将来に対する理解と評価を対象とするものです。そこでは，計画（戦略）の合理性，確実な実行状況，そしてPDCAシステムの運用状況をしっかりと把握し，サポートすることが重要です。特にPDCAのCAの運用は，自分たちだけでは甘くなりがちです。金融機関が定期的に進捗状況を確認し，支援することは，金融機関による有効なコンサルティング支援活動になると思います。

図表8-3 事業経営で,「安定した成果」を出すためには？

しかし,うまく行かないことも多い

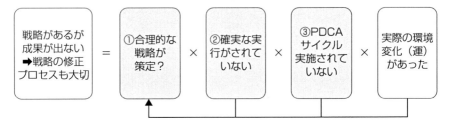

戦略を修正,精度を上げる（戦略を練り上げる,戦略を育てる）

経営のあれこれコラム

■**事業戦略の実行にあたっての組織に内在するジレンマ**

　組織による経営戦略の実行力の問題は，本質的に非常に根深いものであり，どんな企業でも「常に」存在する問題です。世の中のすべての企業は，自社の「経営環境の変化」へ対応した事業戦略の策定と実行により，はじめて存続，成長が図られるものです。

　一方，「企業は人なり」といわれるように，事業を行うのは「組織」「人」です。「組織」「人」は，本質的には慣れ親しんだ環境を好みます。すなわち，「安定」を求め「変化」を嫌う傾向があるといえます。その「経営環境変化への対応である経営戦略」と，その実行者である「安定を求め変化を嫌う組織・人」との構造的なギャップ，ジレンマは，多くの企業で，どんな時も見られる重要かつ深刻な「経営課題」であることが多いといえます。

　また，機能別組織によく見られますが，いわゆる「セクショナリズム」の問題もあります。組織の指揮命令系統は，「タテ」に流れますが，実際の会社の業務は，開発⇒製造⇒販売などのように部門を「ヨコ」に流れます。各部門長は，自分の担当部門への責任感が高いほど，どうしても自部門の利益，都合を優先してしまう傾向があります。ある意味まじめな責任感のある部門長ほど，この傾向があるかもしれません。

　全社的な利益が大切で，全部門が協力して業績向上に努力しなければならないと頭ではわかっていても，まず自部門のやるべきことをしっかりやろうと考えれば，人間はどうしても自部門の都合を優先してしまうことになり，セクショナリズムの問題となるのです。これも，どこの組織にも見られる，本質的に非常に根深い，構造的な問題であると考えています。

　こういった，ある意味避けられない構造的な組織マネジメント上の問題については，一気に解決する万能薬はありません。効率重視の機能別の組織を避け，変化対応重視の事業部制とすることも有効です。しかし，事業部制の中でもセクショナリズムが発生する余地はあります。したがって，現時点では，そのよ

うになりやすいということを強く意識して，常にそうならないように修正をかけていくしかないのではないかと考えています。

第 IX 章

業種特性から考える
改善具体策

1. 業種特性を財務構造の5つのポイントで考える

(1) 業種特性と5つのポイント

　金融機関の方々への事業性評価に関する研修をする際にいただく要望で多いものの1つに，「業種特性を教えて欲しい」というものがあります。業種によって，PLの形が違ったり，必要な事業用資産（売上債権，棚卸資産，設備資産など）が違ったりするからでしょう。すなわち，収益構造，財務構造が業種によって違うということです。そして，その違いがあることにより，「今後いかにして儲かるようにするか」の経常利益やFCFの改善のポイント，優先順位に違いが出てきます。それらは事業性評価においても大変参考になります。

　図表9－1の損益分岐点図表を見たことのある方は多いと思います。もちろん，個別の企業によって違いはありますが，業種によって固定費型になりやすいか，変動費型になりやすいかの違いがあるといえます。

　収益構造の改善のポイントは，①売上高，②限界利益率（変動費率），③固定費，の3つでした。業種によって，この3つの重要度，優先順位が違う傾向があります。

　営業マンなどによる販売活動を主たる機能とする卸売業などは，変動費型の収益構造の典型ですが，扱っている商品から利益を得ますので，その商品の利幅の確保，すなわち限界利益率の確保が非常に重要です。また，当然，売上高自体の確保も重要となります。相対的に固定費は小さい傾向にありますし，事業の直接の根幹となる営業マンの人件費が主なものですので，その削減，抑制の優先順位は低くなります。

　一方，ホテル，旅館などは，固定費型の収益構造となるのが一般的です。固定費型の収益構造では，売上高の変動による利益の変動リスクが大きく，損益分岐点売上高を上回れば大きく利益が計上されますが，逆に下回ると大きな損

図表9－1　固定費型企業と変動費型企業

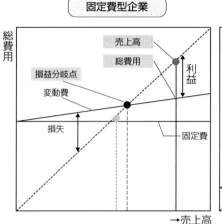
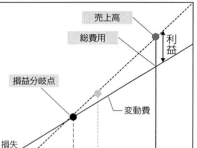

売上高の変動による利益の変動リスクが大きい。
＜業績改善の優先順位＞
①売上高（稼働率）の確保
②固定費の削減
③限界利益率（変動費率）の改善

売上高の変動による利益の変動リスクは小さい。
＜業績改善の優先順位＞
①限界利益率（変動費率）の改善
②売上高の確保
③固定費の削減

失計上となります。したがって，稼働率，すなわち売上高の確保が最重要となります。次に，多くのコストを占める固定費の抑制，削減が重要であり，最後に相対的に小さい変動費（率）の改善が重要となります。

(2) 業種特性と収益構造の3つのポイント

　収益構造が変動費型か固定費型かについては，もちろん業種が同じでも個別の企業ごとに違いがあります。しかし，一般に，業種特性としてどちらかになりやすい業種があり，改善のポイントの重要さ，優先順位に違いがあります。それを，筆者なりのイメージで，5つのポイントの一覧表としてまとめてみました。

図表9-2 業種別の財務的な特徴と経営改善のポイント（まとめ）

◎：最重要　　○：重要　　△：それほど重要ではない

業種	収益構造 (変動費型or 固定費型)	①売上高	②変動費率 (限界利益率)	③固定費額	④運転資金 (回転期間)	⑤投資
卸売業	変動費型	◎ (商品別・ 顧客別)	◎ (商品別・ 顧客別) (相場・為替)	△	◎ (与信・在庫)	△
建設業	変動費型 (案件別利益)	◎ (今後の 案件管理)	◎ (外注費)	△	◎ (仕掛工事)	△
小売業	変動費型 (店舗別利益)	◎ (カテゴリー 別・競合 対策)	◎ (カテゴリー 別)	△	○ (在庫)	◎ (S&B)
飲食業	固定費型 (店舗別利益)	◎ (メニュー 売れ筋・ 競合対策)	○ (メニュー別)	◎ (労務・設備)	△	◎ (S&B)
製造業	固定費型 (変動費型 もあり)	◎ (商品別・ 顧客別)	◎ (材料) (相場・為替)	◎ (労務・設備)	◎ (与信・在庫)	◎ (設備投資)
ホテル・旅館	固定費型	◎ (稼働率)	△	○ (労務・設備)	△	◎ (設備投資)

　変動費型の収益構造となりやすいのは，「卸売業」や「建設業」，「小売業」などです。これらの業種では，限界利益率などの利幅の確保が利益確保のための優先順位の高いポイントとなります。一般に卸売業では，商品原価率が70～80％程度のケースが多く，粗利率，限界利益率も20～30％程度のところが多いと思います。建設業では，外注費率が高く，やはり粗利率や限界利益率は20～30％程度，小売業でも粗利率，限界利益率は20～30％程度のケースが多いといえます。卸売業では扱い商品別の利幅（限界利益率），建設業では工事案件別の利益の確保，小売業では店舗別の営業利益の確保などが重要となります。

　固定費型の収益構造となりやすいのは，「飲食業」や「製造業」，「ホテル・

旅館業」などです。これらの業種では，売上高（稼働率）の確保拡大，固定費の削減抑制が利益確保のポイントとなります。飲食業では，やはり店舗別に考えた売上確保，固定費削減などの利益確保策が重要です。

　製造業においては，製造製品の加工度によって付加価値率が変わってきます。当然ながら，手間がかかり付加価値率が高い製品の場合には，人件費や設備費などの固定費が多くかかり，固定費型となりますが，加工度の低い，手間のかからない製品の場合には，付加価値率は低く，変動費型となるケースもあります。しかし，その場合でも，卸売業よりは加工がある分だけは限界利益率は高くなります。製造業は非常に幅広い業種ですので，ここでは売上高の確保，限界利益率（変動費率）の改善，固定費の削減のすべてが重要であるとしています。

　最後にホテル・旅館業においては，宿泊設備の稼働率の確保，すなわち売上高の増大が最優先となり，コストの大部分を占める設備関連や人件費などの固定費の削減も重要なポイントとなります。

(3) 業種特性とBS（貸借対照表）の2つのポイント

① 業種ごとに必要となる事業資産の違い

　次に，BS（貸借対照表）における業種特性について考えてみます。業種によって必要となる運転資金や投資（固定資産）などの事業資産が異なります。例えば，売上債権や棚卸資産などの運転資金が必要で，売上債権や棚卸資産の保有金額が多額となる業種とそうでない業種があります。また，運転資金は残高でなく，回転期間で良し悪しを測り，改善を考えるのが原則でした。

　「卸売業」では，一般に設備などの投資はあまり必要ありませんが，売掛金などの売上債権や商品在庫などの棚卸資産が必要となり，運転資金の回転期間は重要なポイントとなります。「建設業」においても，工事期間が長くなりますので，棚卸資産となる未成工事支出金といわれる仕掛工事残高や回収額も大きいことから，売上債権である完成工事未収入金が大きくなる傾向があり，やはり運転資金の回転期間は重要なポイントとなります。

「小売業」は，基本的に現金商売ですので売上債権はあまり大きくないですが，店舗商品在庫の棚卸資産がありますので，在庫回転期間は注意が必要です。また，店舗の出店にあたっての設備投資や賃貸の場合では，敷金保証金などが必要となります。投資の効果についても重要なポイントとなります。

「飲食業」の場合には，現金商売で在庫は食材ですので，あまり運転資金は必要ありませんが，小売業と同じく店舗に関する投資が必要となります。小売業や飲食業では，いかに投資資金を早く回収するのかと，店舗のスクラップアンドビルド（S&B）も常に考えておく必要があります。

「製造業」は，基本的に製造および販売業ですので，売上債権は必要になりますし，原料在庫，製品在庫などの棚卸資産の回転期間も重要なポイントとなります。投資についても工場などの製造設備についての継続的な投資が必要とされます。計画的な設備投資とその効果検証は重要なポイントとなります。

最後にホテル・旅館業においては，何といっても設備投資が最大のポイントとなります。その投資額も多額となり，小売業や飲食業と違ってスクラップアンドビルド（S&B）を考えることもできません。慎重な設備投資計画の策定が重要となります。

② 担当先の業種特性と改善ポイントを考えてみよう

皆さんが担当取引先の業種特性，改善ポイントを考えるときに，このような一覧表を活用し，5つのポイントでどこを重点的に実態把握して，改善の優先順位を考えるかの参考にすれば，効果的，効率的な事業性評価の役に立つのではないかと思います。

さらに付け加えると，担当取引先の財務が，このような業種特性と違う収益構造や事業資産の構成となっているケースもあると思います。その場合には，当該業種の一般的な企業とは違う特徴を持った企業であるとも考えられます。例えば，卸売業で倉庫やトラックを有して物流も行っている場合には，ドライバー等の人件費など固定費や車両等への投資も重要なポイントとなります。その場合には，単なる卸売業ではない価値提供，強みを持った企業であることの

発見にも役立てることができます。当該一覧表を参考にしながら，自分なりの業種特性のイメージを持って取引先を見ることは，やはり効果的，効率的な事業性評価の役に立つと思います。

ぜひ一度，担当取引先の１社をイメージして，下記フォーマットで財務的な特徴と経営改善のポイントを考えてみてください。

図表９－３　担当取引先の財務的な特徴と経営改善のポイント

◎：最重要　　○：重要　　△：それほど重要ではない

業種	収益構造 （変動費型or 固定費型）	①売上高	②変動費率 （限界利益率）	③固定費額	④運転資金 （回転期間）	⑤投資

2. ５つのポイントで考える業種別の改善具体策

担当取引先の財務的な特徴と経営改善のポイントが見えてきたでしょうか？

これまで見てきた５つのポイントでの業種特性について，一歩進めて，経営改善の具体的なポイントをまとめてみました。下記を参考に，担当取引先の事業性評価の具体的な改善策の内容検討にお役立てください。

(1) 卸売業

卸売業は，変動費型の収益構造となるケースが多いといえます。重要性が高いのは，①売上高，②変動費率（限界利益率），④運転資金としています。商品カテゴリー別，顧客別などの利益の把握と確保が重要課題です。表で５つのポイントのうち重要な項目は色を濃くして表示しています。

「売上高」については，商品カテゴリー別，顧客別などの売上高に分解してABC分析を行い，実態を把握しましょう。また，商品ライフサイクルを考えた成長商品・成長市場（顧客）の開拓，卸としての顧客への提供価値機能（物流機能，リテールサポート機能など）を強化しましょう。卸の中抜きといわれる，仕入先と販売先とが直取引を行うケースも増えています。場合によっては，川上（製造）分野，川下（小売り）分野への進出を検討することが必要です。

「変動費率（限界利益率）」については，扱い品目が相場や為替の影響を受けるケースがあります。また，商品が大きく重かったり，遠方に配送する等の場合は，物流費も多くなるケースがあります。卸売業では，限界利益率は，主に売買差益（商品利幅）を意味すると思います。その改善の４つのポイントとして

図表９－４　卸売業の改善具体策

	業種特性		経営改善のポイント
収益（PL）構造	変動費型or固定費型？	変動費型収益構造	商品カテゴリー別，顧客別利益の確保①限界利益率の改善，②売上高の確保，③固定費の削減
	売上高の構成は？	Σ商品カテゴリー別売上高 Σ顧客別売上高	★商品ライフサイクルを考えた成長商品・成長市場（顧客）の開拓 ★卸としての顧客への提供価値機能強化（物流機能，リテールサポート機能など） ★川上（製造）分野，川下（小売り）分野への進出
	主な変動費は？	商品原価，扱い品目が相場や為替の影響受けるケースあり商品が大きく重い，遠方配送等の場合物流費も多くなる	★売買差益（商品利幅）の改善：①売価（値引き抑制），②仕入価格，③商品ミックス，④ロス
	主な固定費は？	販売人件費が主	★専門性もしくは幅広い調達ラインナップある営業力強化（提案営業のためのツール開発と活用）
運転資金	売上債権は？	売上債権は多い	★与信管理重要。貸倒防止。
	棚卸資産は？	倉庫商品在庫等	★在庫管理重要。在庫回転日数に注意，不動在庫に注意
	買入債務は？	商品仕入債務	
投資	主な投資は？	設備投資は少ない（物流が必要な場合には倉庫，車両等必要）	

① 売価（値引き抑制）の改善として，定期的な見積提示による適正価格維持，値引きを営業マン任せにしないことによる売価のコントロール
② 仕入価格について，相見積り，新規調達先の開拓など仕入価格の低減
③ 商品ミックス改善として，付加価値率の高い商品の拡販，売上高構成比の高い商品の利幅改善など
④ ロス対策として，賞味期限管理の強化などによる廃棄ロスの防止など
が考えられます。

「運転資金」については，主に売上債権に関する与信管理の徹底，棚卸資産の在庫管理，不動在庫防止などに注力します。運転資金については，「額」でなく「回転期間」で改善を把握することが原則です。

(2) 建設業

建設業は，変動費型の収益構造となるケースが多いといえます。重要性が高いのは，卸売業と同じく①売上高，②変動費率（限界利益率），④運転資金としています。建設業は，製造業に近いイメージがありますが，実際に工事をしているのは外注先の協力業者が多く，財務構造的には卸売業に近いイメージとなります。

先行受注管理による売上高確保と，実行予算による案件別利益の確保が重要課題です。決算書の損益計算書は，工事案件別の採算PLの合算値のイメージとなります。

「売上高」については，物件別などの売上高に分解して実態を把握しましょう。受注の確保，平準化のための受注見込み案件の先行管理（最低6か月先以上）が必要です。また，受注物件の施工能力を確保するために，優良な外注先の確保が必要となっています。優良な外注先の確保のためにも，受注見込み案件の先行管理で受注を確保し，外注先への安定発注が必要です。

「変動費率（限界利益率）」については，変動費のメインは，外注費です。外注費は，作業する職人の工数をベースに支払われます。したがって，いかに遅れなく工事を進め，工期を短縮化するか，職人の人工（ニンク）管理が重要と

なります。また，それを含めて，物件別の実行予算管理による利益確保のしくみが有効に機能しているかどうかがポイントとなります。

「運転資金」については，物件金額が大きい売上債権（完成工事未収入金）のケースなどで貸倒れがあると経営に深刻な影響を受けますので，与信管理の徹底は重要です。棚卸資産（主に未成工事支出金）についても，金額が大きく，運転資金需要が大きくなる傾向があります。

図表9-5　建設業の改善具体策

	業種特性		経営改善のポイント
収益（PL）構造	変動費型or固定費型？	変動費型収益構造（個別受注型）	★先行受注確保と実行予算による案件別利益の確保 ①受注案件（売上高）の確保，②限界利益率の改善，③固定費の削減
	売上高の構成は？	Σ案件物件別売上高	★受注の確保，平準化のための受注案件の受注残及び受注見込み案件の先行管理（最低6か月先以上） ★外注先の確保
	主な変動費は？	外注費	★物件別の実行予算管理による利益確保 ★職人の人工（ニンク）管理が重要
	主な固定費は？	現場管理及び営業人件費が主	
運転資金	売上債権は？	売上債権は多い	★与信管理重要。貸倒防止。
	棚卸資産は？	ゼネコンの場合には未成工事支出金等	★運転資金需要大きい。
	買入債務は？	外注費債務	
投資	主な投資は？	設備投資は少ない	

(3) 小売業

小売業は，変動費型の収益構造となるケースが多いといえます。重要性が高いのは，①売上高，②変動費率（限界利益率），⑤投資としています。店舗別の利益の管理と，そのリーダーである店長の育成が重要課題です。決算書の損益計算書は店舗別PLの合算値のイメージとなります。

「売上高」については，以下のように，単価と数量などを基本に構成要素に分解して把握することが事業を把握する第一歩です。

「売上高＝既存店売上＋新規出店売上」

「店舗売上高＝顧客単価×購買顧客数」

「店舗売上高＝商品単価×買上点数×顧客数×購買頻度」

売上高は，既存店売上と新規出店売上とに分かれます。売上高の増加がどちらによるものなのかは，しっかりと把握しましょう。既存店売上高の前年対比での増減状況は必ずチェックしましょう。各店舗の年間売上高を営業日数で割って1日当たり売上高を算出し，それを平均客単価（予想値でもOK）で割れば1日当たりの来店購買人数が概算計算できます。これは曜日や時間帯などで違いがありますが，このような計算をすることで，店舗の商売のイメージがつかめると思います。

中小小売業は特にそうですが，商品カテゴリーを絞り込み，専門化による品揃えの優位性を持ち，ターゲット顧客から「○○ならあの店だ！」と思われ，選ばれる魅力が必要です。そのイメージは，「絞り込んだ特定カテゴリーでは大型店」です。

そして，チラシなどで見込み客を集め➡その中から購買客になってもらい➡ポイント会員など固定客の集客のしくみを構築することが重要です。

店舗は，顧客との接点となりますので，買いやすい店づくり，クリンリネス，陳列，POP，接客等の接点強化が求められます。

「変動費率（限界利益率）」については，①売価（値引き抑制），②仕入価格の低減，③商品ミックス（利幅の高いPB商品の開発），④ロス（廃棄ロス，万引きロスなどの抑制）などがポイントとなります。

「投資」については，店舗の出退店であるスクラップアンドビルド（S&B）が必要になります。投資の内容は，自社店舗であれば土地，建物，備品などであり，賃貸店舗の場合には，敷金，保証金などが必要となります。小売業の戦いはエリアごとに個店対個店の戦いです。全社的に好調であっても，各店舗エリアごとでの競合関係などにより，業績が大きく影響を受けることがあります。

したがって，店舗別の損益管理が重要です。多店舗展開する小売業では，新規出店の成功，既存店の退店の判断は重要な事業戦略となりますので，計画的に十分な商圏調査などのもとに実施する必要があります。

「運転資金」については，現金商売が主ですので売上債権は小さいですが，不動在庫に注意し，棚卸資産回転期間の変動は注意しておく必要があります。

図表9－6　小売業の改善具体策

		業種特性	経営改善のポイント
収益（PL）構造	変動費型or固定費型？	変動費型収益構造（総コストのうち，変動費の占める割合が大きい）	店舗別利益の確保・店長育成 ①限界利益率の改善，②売上高の確保，③固定費の削減
	売上高の構成は？	既存店売上＋新規出店売上 既存店売上高＝顧客単価×購買顧客数 ＝商品単価×買上点数×顧客数×購買頻度	★商品カテゴリーの絞り込み，専門化，優位性「～ならあの店だ！」 ★PB商品の開発 ★集客のしくみ。集客策（チラシ等），顧客の固定化（ポイント会員等） ★買い易い店づくり，顧客接点の強化（クリンリネス，陳列，POP，接客等） ★新規出店の成功 ★既存店売上高の状況を注意
	主な変動費は？	商品原価	★売買差益（商品利幅）の改善：①売価（値引き抑制），②仕入価格，③商品ミックス（PB商品），④ロス（廃棄ロス，万引きロスなど）
	主な固定費は？	販売人件費，賃借料，広告宣伝費等	★販売人員（パート，アルバイト）のシフト管理
運転資金	売上債権は？	現金商売で原則なし（クレジット等のみ）	
	棚卸資産は？	店舗商品	★在庫回転日数に注意，不動在庫に注意
	買入債務は？	商品仕入債務	
投資	主な投資は？	出店投資，S&B，ネット販売システム等	★立地（事前の商圏調査），出店戦略，店舗のS&B，ネット販売など

(4) 飲食業

飲食業は，固定費型の収益構造となるケースが多いといえます。重要性が高いのは，①売上高，③固定費，⑤投資としています。

小売業と同様ですが，店舗別の損益管理と店舗別競合分析などが重要なポイントとなります。決算書の損益計算書は，店舗別PLの合算値のイメージです。

「売上高」については，「顧客数×客単価」に分解して改善策を考えます。客数のアップについては，新規出店，新規顧客獲得，既存客の利用頻度のアップなどがあります。顧客単価のアップについては，メニュー単価のアップ，ドリンクなど1人当たり飲食メニュー数のアップなどがあります。

メニュー構成の成否が売上高，業績を大きく左右します。メニュー別売上高ABC分析を実施して売れ筋のメニューを磨き，よりレベルアップしていくことが，顧客から選ばれる理由，強みを強化するためにとても大切です。

「固定費」については，人件費や賃借料などが大きいといえます。飲食業界の特有の経営指標として，FLコストがあります。Food（食材）コストとLabor（人件費）コストの合計は，通常売上対比で60％以下が目安となっています。業態によって異なりますが，人件費率は25〜30％程度，食材コストは30〜35％程度が適正値の目安といわれています。人件費についてはフロアオペレーション，調理オペレーションの効率化や，シフト管理の適正化，メニュー構成の適正化などがポイントです。最近は人手不足への対応もあり，タブレット端末を使った注文の自動化やキャッシュレス化などにより，少ない人員でオペレーションできる工夫がされています。一方，食材については，他店との競合激化や顧客要求レベルのアップなどから，こだわりの食材を使う傾向があり，食材費率はやや上昇する傾向があります。FLコストに賃借料（Rent）を加えてFLRコスト70％以下が適正コストの目安といわれることもあります。Rentコストは10％程度が目安といわれます。

「投資」については，小売業と同様に，多店舗展開する飲食業では，店舗の出退店であるスクラップアンドビルド（S&B）が必要になります。投資の内容は，自社店舗であれば土地，建物，備品などであり，賃貸店舗の場合には，敷金，保証金などが必要となります。小売業と同じく戦いはエリアごとに個店対個店の戦いです。全社的に好調であっても，個店エリアでの競合関係などにより，業績が大きく影響を受けることがあります。したがって店舗別の損益管

理が重要です。多店舗展開する飲食業では，新規出店の成功，既存店の退店の判断は重要な事業戦略となりますので，計画的に十分な商圏調査などのもとに実施する必要があります。

図表9-7　飲食業の改善具体策

	業種特性		経営改善のポイント
収益（PL）構造	変動費型or固定費型？	固定費型収益構造（食材原価率30〜35％程度）	★①売上高（稼働率）の確保，平準化，②固定費の削減，③限界利益率の改善 ★店舗別の損益管理，店舗別競合分析。
	売上高の構成は？	顧客数×客単価	★客数のアップ（新規出店，新規顧客獲得，利用頻度のアップなど） ★顧客単価のアップ（メニュー単価のアップ，売上メニュー数のアップなど） ★メニュー構成の成否が売上高，業績を大きく左右する。 ★顧客の利用頻度が高いメニュー構成（ABC分析と改善）。
	主な変動費は？	食材原価，飲料原価	★売買差益（商品利幅）の改善：①売価（値引き抑制），②仕入価格（価格交渉力など），③商品ミックス，④ロス（食材廃棄ロスや歩留り） ★利益確保できる(原価率が適正な)メニュー構成 ★食材原価率35％以下
	主な固定費は？	人件費，賃借料など	★フロアオペレーション，調理オペレーションの効率化，シフト管理 ★人件費20〜25％：FLコスト60％以下。 ★賃借料10％以下：FLRコスト70％以下。 ★（調理及びフロア）オペレーションコストが適正なメニュー構成。
運転資金	売上債権は？	現金商売で原則なし（クレジット等のみ）	
	棚卸資産は？	在庫は少ない（食材，飲料など）	
	買入債務は？	仕入債務	
投資	主な投資は？	新規出店，店舗改装，スクラップ＆ビルド（S&B）	★立地（事前の商圏調査），出店戦略，店舗のS&B，ネット販売など

(5) 製造業

　製造業は，製造している製品の加工度の違い，付加価値率の違いにもよりますが，固定費型の収益構造となるケースが多いといえます。重要性が高いのは，①売上高，②変動費率（限界利益率），③固定費，④運転資金，⑤投資としています。製造し販売する業ですので，総合的な業務フローを持つ業種であるといえます。そのため，問題点や改善ポイントも多様なものがあります。企業ごとに重要度に違いが出やすいともいえます。

　「売上高」については，商品カテゴリー別や顧客別売上高のABC分析などで主力商品，顧客を明らかにして，ランクごとの営業取引方針を明確にしておく必要があります。固定費型の製造業では，設備稼働率，稼働平準化が最大のポイントとなります。特に季節変動の大きい製品の製造や受注生産型の場合には，稼働の平準化は重要なポイントです。受注確保のためには，営業力の強化が求められます。メーカーとしての技術的な営業力強化（提案営業のためのツール開発と活用）などが課題となるケースが多いといえます。

　製造業は，原料調達から販売までの長い業務フローを持ちます。それぞれの業務部門の間でロスが発生して利益が失われないよう注意する必要があります。特に製造部門と販売部門と開発部門の三位一体体制（協力，調整など）がポイントとなるケースが多いでしょう。

　また，中小メーカーでは，原価の適切な見積りができていないケースが多く見られます。特に，固定費についてどう見積もるべきなのかの原価計算の考え方が不十分なまま，営業マンのカン・コツにより見積原価が算定されているケースが多いようです。受注段階でも見積りの仕方について，原価発生部門である製造部門と情報を共有し，妥当な単価で見積りを行う必要があります。

　「変動費率（限界利益率）」については，主な変動費は，材料費，外注加工費などです。原材料が相場や為替の影響受けるケースがあります。外注費については，内製外製の方針を明確にした外注先の適切な活用，また，商品が大きく重かったり，遠方に配送する等の場合には物流費も重要な変動費となるケース

があります。

売買差益（商品利幅）の改善については，
① 売価（適正な原価見積りに基づく売価設定）
② 相見積りなどによる原材料費，外注費の低減，原材料の調達価格の上昇時には早期に販売価格への転嫁交渉の実施
③ 製品ミックスでは，限界利益率の高い製品の拡販，売上高構成比の高い製品の限界利益率の改善
④ ロスについては不良率や歩留り改善など

がポイントとなります。

「固定費」については，主なものは，工場労務費，販売管理人件費などの人

図表9-8　製造業の改善具体策

		業種特性	経営改善のポイント
収益（PL）構造	変動費型or固定費型？	付加価値高い製品➡固定費型収益構造 （付加価値低い製品➡変動費型収益構造）	①売上高（稼働率）の確保，平準化，②固定費の削減，③限界利益率の改善 （①限界利益率の改善，②売上高の確保，③固定費の削減）
	売上高の構成は？	Σ商品カテゴリー別売上高 Σ顧客別売上高	★設備稼働率，稼働平準化。特に季節変動の大きい製品製造や受注生産型の場合には稼働の平準化は重要なポイント ★原料調達から販売まで連携した事業戦略。製造と販売と開発の三位一体体制（協力，調整など）
	主な変動費は？	材料費，外注加工費 商品が大きく重い，遠方配送等の場合物流費も多くなる	★売買差益（商品利幅）の改善：①売価（値引き抑制），②仕入価格，③商品ミックス，④ロス（不良率や歩留り）
	主な固定費は？	工場労務費，販売管理人件費，設備関連費（減価償却，修繕費など）	★生産性アップ，コストダウン，現場改善 ★現場技能の技術伝承，外国人活用 ★メーカーとしての技術的な営業力強化（提案営業のためのツール開発と活用）
運転資金	売上債権は？	売上債権は多い	★与信管理重要。貸倒防止。
	棚卸資産は？	材料，仕掛品，製品在庫等	★在庫管理重要。在庫回転日数に注意，不動在庫に注意
	買入債務は？	材料仕入債務等	
投資	主な投資は？	工場設備，物流設備など設備投資は多い	★設備投資（メンテ）計画の策定による計画的かつ有効な設備投資（メンテ）

件費関連コストと，減価償却費，リース料，修繕費などの設備関連コストです。したがって，労働生産性アップ，設備生産性のアップが必要です。製造現場は納期厳守で，必要なものを必要な時までに生産する生産量の確保が最優先となっており，なかなか現場改善活動の余裕はないケースが多いといえます。生産性アップのためには，生産計画，生産技術などの生産管理部門の役割が大きいでしょう。多品種少量生産のみが国内に残るものという現実を受け止めて，段取り替えの効率化への取り組みなど，多品種少量対応への生産体制の変革は大きな課題となっています。

　また，人手不足の問題があり，現場技能の技術伝承，外国人活用なども多くの企業で課題となっています。マニュアルについては，わかりやすく伝わりやすい動画を活用したものが今後増加してくるのではないかと感じています。

　「運転資金」については，卸売業と同じように主に売上債権に関する与信管理の徹底，棚卸資産の在庫管理，不動在庫防止などに注力します。運転資金については，「額」でなく「回転期間」で改善を把握することが原則です。

　「投資」については，製造機械，物流設備などの継続的な設備投資が必要となります。しかし，設備投資については中期的な計画を作っているケースはあまりありません。設備投資やメンテナンス計画の策定による計画的かつ有効な設備投資，メンテナンスが求められます。

(6) ホテル・旅館業

　ホテル・旅館業は，固定費型の収益構造となるケースが多いといえます。介護施設や病院等の医療機関なども，同じ収益構造となるケースが多いようです。重要性が高いのは，①売上高，⑤投資としています。固定費が大きいですが，減価償却費などの設備関連コストが大きくそれらは削減可能性が低いものが多いため，稼働率，すなわち売上高の確保のほうに重点を置いています。

　「売上高」については，日々の売上高の合計であり，日々の売上高は「顧客単価×顧客数」となります。顧客数は「部屋数×客室稼働率×1部屋当たり人数」となります。

改善は，設備稼働率のアップ，そして稼働平準化のための集客策がポイントとなります。特に季節変動や曜日変動等の大きい場合には，稼働の平準化が重要なポイントです。その場合には，変動料金を設定して稼働率を維持することなどの対策があります。

「投資」については，開業時に多額の投資が必要なケースが多く，小売業，飲食業と異なり，スクラップアンドビルド（S&B）ができません。当初の投資計画は保守的に作成することが求められます。設備のメンテナンスや修繕などの投資については中期的な計画を作っているケースはあまりありません。設備投資やメンテナンス計画の策定による計画的かつ有効な設備投資，メンテナンスが求められます。

図表9－9　ホテル・旅館業の改善具体策

業種特性			経営改善のポイント
収益（PL）構造	変動費型or固定費型？	固定費型収益構造	①売上高（稼働率）の確保，平準化，②固定費の削減，③限界利益率の改善
	売上高の構成は？	Σ日々の売上高 売上高＝顧客単価×顧客数	★設備稼働率，稼働平準化。特に季節変動や曜日変動等の大きい場合には稼働の平準化は重要なポイント。変動料金。 ★効果的な集客策
	主な変動費は？	飲食材料費等少ない 誘客リベート等（旅行会社，じゃらんなど）	★集客策，リピーター化，HP集客など ★集客リベートの効果最大化
	主な固定費は？	人件費， 設備関連費（減価償却，修繕費など）	★生産性アップ，コストダウン，現場改善
運転資金	売上債権は？	現金商売で原則なし（クレジット等のみ）	
	棚卸資産は？	原則なし	
	買入債務は？	仕入債務等あまりない	
投資	主な投資は？	設備など設備投資は多い	★S&Bできない。投資計画は保守的に作成する。 ★設備投資（メンテ）計画の策定による計画的かつ有効な設備投資（メンテ）

3. 担当取引先について考えてみよう

　今後，担当先についての業種特性と改善具体策を検討する場合には，本書で紹介した図表9－2で，一般的に何がポイントとなりやすいかを参考にして，対象会社ではどうかを考えてみてください。その次には，「業種別改善具体策」の表を参考にして，具体的に改善策を考えてみてください。

図表9－10　業種別特性から考える改善具体策の活用イメージ

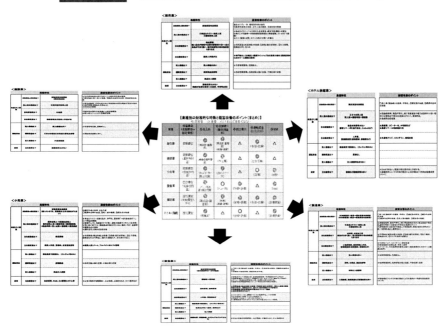

　それでは，これまでの業種別の特性と改善ポイントを参考に，実際に担当取引先のどこかをイメージして，下記フォーマットで事業内容と経営改善のポイントを考えてみましょう。内容については，記載した一般的な内容でなく，で

きるだけ担当取引先の実態にあった具体的な内容で記載してみてください。

図表9－11　改善具体策を考えるフォーマット

事業内容・業種特性			経営改善のポイント
収益（PL）構造	変動費型or固定費型？		
	売上高の構成は？		
	主な変動費は？		
	主な固定費は？		
運転資金	売上債権は？		
	棚卸資産は？		
	買入債務は？		
投資	主な投資は？		

経営のあれこれコラム

■経営は「科学」か「アート」か

　経営は「科学」か「アート」か，といわれることがあります。これについて考えてみたいと思います。

　筆者は経営コンサルタントです。経営コンサルタントは企業ドクターと呼ばれることもあります。そのような場合に同じような専門職としてよく連想されるのは，医者と弁護士です。医者や弁護士の世界もいろいろ個人差があると思いますが，業務を進めるにあたっては，科学や論理で説明の付く部分が大部分ではないかと感じています。医療はアートであるとか，裁判はアートであるとはあまりいわないと思います。ただし，すべてが科学や論理で説明が付くというわけではないとは思います。

　では，経営は科学かアートかといわれる意味は何でしょうか？　それは，論理で説明がつく「科学」の部分と，説明のつかない「アート」の部分があり，医療や法律の世界と比べると，この「アート」の部分がやや大きいということではないかと思います。

　それはそれとして，実際の経営の現場では，この「科学」と「アート」の部分をどう折り合いを付けてやっていくかということが大事になります。

　経営には絶対的な正解はありません。なぜなら，変化の激しい世の中で，事前に将来の成功のための100％正しい解を導くことは，神でないので，どんな優れた経営者でもできません。これが経営を「アート」といわせる大きな理由であると思います。

　ただし，論理的にやるべきこと（＝事業戦略）を考えないと，事業での成功確率を上げることはできません。外部経営環境を分析し論理的に考えて，いかにチャンスを活かして成功確率を高めるか，自社の能力を分析し論理的に考えて，いかに強みを生かして成功確率を高めるか，そのことが重要です。これが経営における「科学」の部分であると思います。

　とはいえ，何でも新しいこと（＝新しい事業戦略）をすれば，初めはうまく

いかないことが多いのも事実です。かなりしっかりと考えて事業戦略を構築したのに，なかなかうまくいかないからまた，やはり経営は「アート」といわれることになります。

　最初からうまくいかないことは当たり前であると考えることが大切です。最初はうまくいかないから，PDCAを回しながら少しずつ改善し，成功につなげていくことで成功確率を高めていくことが何より大切です。戦略が成果を出していくには一定の時間が必要であり，通常1～3年程度はかかることが多いのはこのためです。これは経営の「科学」の部分であると思います。

　上記のように，実際の経営では「アート」の部分と「科学」の部分の両方が混在しながら動いているというのが実態です。経営者としては，確実にできることは，「科学」の部分であり，戦略立案にあたり分析フレームや基本戦略論などをうまく使って論理的に経営を行うことです。「アート」の部分は，なかなかコントロールすることができません。人工知能（AI）が経営に導入されても，この部分は残ると思います。しかし，「科学」だけで成功と失敗が決まらない以上，「アート」の部分も軽視することもできません。いわゆる直感で判断するとか，感性で判断するとか，カンが冴える，やってみないとわからない，運が大事だとかということも軽視できないことになります。

　そこで，どのように考えて経営をすべきかです。経営現場では，大きく独り勝ちすることより，確実に経営改善，業績改善，企業成長することが最も重要です。まず「科学」的に成功確率を高めることを徹底して，そのうえで「アート」の世界の力も許容するという姿勢で経営するしかないというのが，現時点での筆者の考えです。

第X章
事業性評価にどう取り組むか

筆者はこれまで，金融機関で事業性評価に関する研修をする際には，ほとんどの場合，4～6人程度のグループでのケーススタディーをメインに行ってきてきました。その研修の最後には，ケーススタディーで実施したグループ討議を，実際の担当先企業を使って，職場の上司，同僚，部下などと実施してみることをお勧めしています。本書をお読みの皆さんの職場でも実施可能ですので，ここでご紹介しておきます。

　グループ討議の実施ステップは，本書でこれまで説明してきた事業性評価シートのステップとほぼ同じです。事業性評価の具体的なやり方や考え方は，シートの説明を聞いても，実際に職場で共有化することはなかなか難しいと思います。そこで，職場の方全員が比較的なじみのある有力取引先について数社実施してみることで，実践的に職場での事業性評価のやり方，考え方をお互いに学び，共有化することが可能になります。ぜひ実施してみてください。

　それでは，以下の実施ステップごとに紹介していきます。

図表10－1　職場での実施ステップ

Step 1	事業内容・目指す姿の理解
Step 2	財務分析の実施
Step 3	事業分析の実施
Step 4	財務分析と事業分析を結び付けての重要経営課題の抽出
Step 5	取引金融機関としてサポート・支援すべきことの提案

第Ⅹ章　事業性評価にどう取り組むか　233

1. グループ討議①（Step1とStep2）

　下記は，グループ討議で議論して完成させたいホワイトボードのイメージです。

図表10－2　グループ討議①：ホワイトボードのイメージ

1．事業内容		
(1) 主要事業，主要商品は何か？　(2) 主要販売先（顧客）はどこか？　(3) 主要な仕入品（ブツ）と仕入先は？		
(4) 事業拠点は？　　　　　　　(5) 目指す姿である経営理念，経営ビジョン，中期目標などは？		

2．財務分析			
コメント（よい点・問題点・ブレイクダウン）	<PL面>PLの状況，収益性分析・生産性分析・損益分岐点分析	<BS・CF面>BS・CFの状況，安全性分析・キャッシュフロー分析	財務分析からの重要経営課題

(1) Step1：事業内容・目指す姿の理解

　ホワイトボードのイメージにあるように，最初に事業内容についてメンバーの認識を合わせます。口頭で済ませることも可能ですが，その後の議論のベースとして何度も立ち戻る情報ですので，ホワイトボードにキーワードで簡潔に記載することが望ましいといえます。

(2) Step2：財務分析の実施

　財務分析については，まず，財務分析資料のコピーを人数分用意して，担当者から対象会社の財務状況について説明をしてもらいます。そのうえで〈PL面〉の分析項目として，PLの状況，収益性分析・生産性分析・損益分岐点分析，〈BS・CF面〉の分析項目として，BS・CFの状況，安全性分析・キャッシュフロー分析などの2つに区分して，よい点，問題点についてグループで意見を出してまとめたり，事業性評価シートにあるFCFのブレイクダウンを意識した分析をします。ポストイットを使って意見を出してもらうこともあります。

　注意点として，経常利益・FCF等の財務数値の変化を，①財務の5つのポイントを意識して，全体感を持って分析，②「なぜ，なぜ」とブレイクダウンしながら論理的に分析，③「問題点を改善する」「よい点を維持・伸ばす」「目指す姿を達成する」という3つの課題の視点を持って分析してください。

図表10－3　グループ討議①：ホワイトボードのイメージ

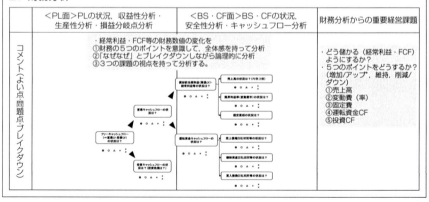

第Ⅹ章　事業性評価にどう取り組むか　235

　財務分析からの重要経営課題は,「今後どう儲かる（経常利益・FCF）ようにするか？」ということです。すなわち, 売上高, 変動費（率）, 固定費, 運転資金CF, 投資CFの5つのポイントのどこに重要な課題があるか, そしてそれぞれすべてについて今後どうするか？（増加／アップ, 維持, 削減／ダウン）の仮説イメージについてメンバーで話し合うとよいと思います。

2. グループ討議②（Step 3 とStep 4）

　下記は, 財務分析に続いて, 2回目のグループ討議で議論して完成させたいホワイトボードのイメージです。

図表10-4　グループ討議②：ホワイトボードのイメージ

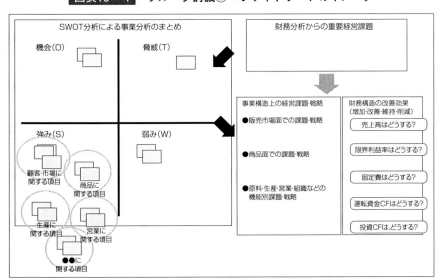

(1) Step3：事業分析の実施

　グループのメンバーに1人当たり10枚程度，大きめの付箋を渡し，対象企業に関する外部環境のプラス面（機会），マイナス面（脅威），内部能力のプラス面（強み），マイナス面（弱み）について，重要と思うことを書いてもらいます。あまり小さい字で書かれると遠目に見にくくなりますので，キーワードのみをホワイトボードマーカーなどで大きめに書くとよいと思います。

　とりあえず1人当たり5枚程度書いてもらえれば，6人いれば30枚程度になり，検討に必要なSWOT情報がほぼ集まるのではないかと思います。出された付箋は，SWOTの4象限にそれぞれ貼りながら，書いた人が説明していきます。ホワイトボードに付箋を貼る際には，関連項目ごとにグルーピングしていきます。①顧客市場（誰に），②商品（何を），③経営機能（どのように）などでグルーピングするのが原則です。③経営機能については，営業面，製造面などに分けてグルーピングすることもあります。グルーピングして見ると，追加のSWOT項目が出てくることがよくあります。

　他のメンバーが対象企業についてよく知らない場合には，よく知る担当者が付箋を使って20枚程度書いて，それをグルーピングすることが必要になります。担当者がそれぞれについて説明することになりますが，その説明の過程で，追加のSWOT項目が出てくることもあります。

(2) Step4：財務分析と事業分析を結び付けての重要経営課題の抽出

　まず，右上の部分に，グループ討議①で出された財務分析からの重要経営課題を記載します。

　次に，グルーピングされた付箋項目を見ながら，

- 4-1：「財務がよくなった，悪くなった主要因」はこれであるということを把握して，SWOT項目の中にある該当する付箋をマーカーで囲むなどして強調します。

そして，
・4-2：当社の強みとそれを支える経営資源は何であるかを考えて，該当する付箋をマーカーで囲むなどして強調します。

それらを検討した後に，右下の部分に，
・4-3：今後，①誰に重点を置いて，②何に重点を置いて，③どのように（バリューチェーンの枠組みなど活用して記載）をどう改善するのかの事業上の経営課題（事業構造の高収益構造化の基本設計図）を考えて記載します。

最後に，それらを実施した結果として，4-4：目指す財務構造の基本設計を考えてください。それを財務構造の5つについて，財務分析の時に考えた仮説も踏まえて，（増加・改善・維持・削減）の方向性として記載します。それが，右上に記載されている財務分析からの重要経営課題である「どう儲かる（経常利益・FCF）ようにするか」ということへの解決策となっていることを確認してください。

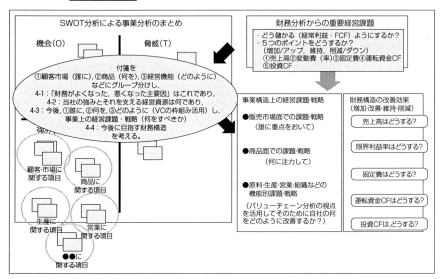

図表10-5　グループ討議②：ホワイトボードのイメージ

3. グループ討議③(Step5)

(1) Step5：取引金融機関としてのサポート・支援策の提案

最後に，これまで議論してきた対象会社の経営課題に対して，取引金融機関としてどのようなサポート支援ができるのかについて議論します。

図表10-6　グループ討議③：ホワイトボードのイメージ

商品ありきのプロダクト営業でなく，会社の経営課題，経営目標達成のために役立つサポート策の提案となっているか？

会社の経営課題・改善策	金融機関としてできるサポート策

各職場でホワイトボードなどを使って，このような議論がなされている状態が，事業性評価が現場に浸透している状態であると考えています。また，担当取引先と一緒に事業性評価シートの検討をする場合にも，このような形でホワイドボードや付箋などを使って議論することも大変よい方法だと思います。

第Ⅹ章 事業性評価にどう取り組むか 239

参考 グループ討議のホワイトボードの例

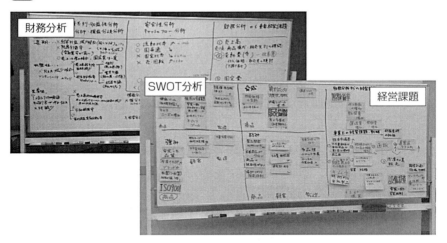

壁に貼ってホワイトボードの代わりとなる「どこでもシート」という商品もあります。これのよい点は，議論の内容に沿ってシートを追加していき，議論のストーリーを一覧で見ることができることです。すなわち，事業性評価の検討結果がストーリー性を持って一覧できるということです。

検討結果は，写真などを撮って事業性評価シートに添付するとよいと思います。もちろん，重要な情報ですので，写真やシートなどについての情報管理はしっかりと行ってください。

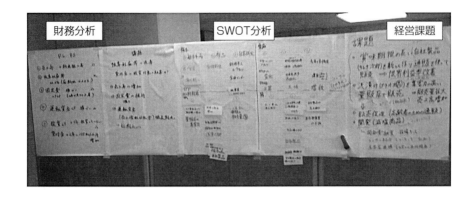

経営のあれこれコラム

■よい会社とは？

　筆者がコンサルティングでお付き合いしている会社は，長いところは20年近くになるところもあります。5年～10年とお付き合いいただいているところも多くあります。長くお付き合いすると，業績はよい時も悪い時もあります。悪い時には経営者も社員もよくしたいという気持ちを持って日々努力されるので，時間の長短はありますが，数年後にはよくなるケースがほとんどです。ただし，よくなった状態を維持することはなかなか難しい問題です。業績がよくなれば，なんとなく甘い雰囲気が社内に流れ出したり，コスト管理や投資判断も甘くなる傾向があります。一気によくなった会社ほど，回復の過程での苦労がありますから，つい甘くなる傾向があります。

　たまたま業績がよい会社と常に業績がよい会社の違いは，業績がよい時により高い目標を持って，業績を維持し，さらによくしたいという引き締まった気持ちを持ち続けられるかどうか，にあると思います。特にトップである社長の意識は重要です。

　目指すべき「よい会社」とは，どのような会社か？　なかなか一概にはいえませんが，筆者は「毎年少しずつよくなる会社」をイメージしています。これは，伊那食品工業株式会社の会長の塚越寛さんが書かれた『リストラなしの「年輪経営」』という書籍（光文社知恵の森文庫）で出会った会社のイメージです。いい会社は「遠きをはかり」ゆっくり成長を目指すというものです。急によくなれば無理がどこかに出てしまう，無理をしないで少しずつ利益が増える経営を目指そうというような内容であったと記憶しています。

　では，どうしたらそのような会社が作れるのか。自分なりにいつも考えています。

　「企業は人なり」であり，人財なくして「企業利益」はないといえます。また，会社の利益の源泉は顧客であり，「顧客満足」なくして「企業利益」はありません。特に，サービス産業が主となっている日本経済において，顧客接点とな

る従業員の「従業員満足」なくして「顧客満足」はないといわれています。衛生要因である賃金などの処遇向上なくして,「従業員満足」はないともいわれています。

会社の利益,顧客満足,従業員満足は,どれが一番大切か? 従業員満足が顧客満足を生み,顧客満足が企業利益を生みます。また,企業利益が,従業員満足の重要な要件となっているといえます。これらすべてが一番大切です。重要なのは,一気にすべてを改善することはできないことです。この3つをいかにして少しずつ改善する好循環を生み出すか,ということだと思います。

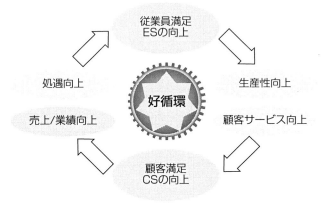

従業員満足が従業員の定着率を上げ,生産性の向上を生みます。そして,顧客サービスの品質を向上させます。それにより顧客満足が向上します。売上高は顧客から選ばれた点数であり,利益は顧客から必要とされた点数であるとの言葉もあります。顧客満足の向上により,会社の売上高は向上し,利益,業績が向上します。それにより,従業員の給与,賞与などの処遇の向上が可能になります。そして,それがさらなる従業員満足につながります。この好循環を意識して作り,継続的に回していくことが,常に業績のよい会社を作るために重要であると思います。この3つの好循環のみが,企業の安定的な成長サイクルを形成するものであるといえます。

おわりに

　今年の1月，雪が多く降っているある日，クライアントをご紹介いただいた金融機関の方と一緒に，東北地方のあるクライアントにお伺いしました。そこには，冬の厳しい気象条件の中で暮らしている当事者として，ともに耐える一体感が，クライアントと金融機関の間にありました。人口減少，少子高齢化を迎えるその地域の経済の状況も，冬の厳しい気象条件と同じです。取引先が厳しい地域マーケットの中で何を行うべきかを，金融機関と企業が一緒に当事者として考えるツールとして，事業性評価シートを最大限に活用すべきだとの思いが間違っていないと確信した瞬間でした。
　事業性評価の目的は，取引先が自社の経営課題を明確にして，その解決により収益力が改善され儲かるようになり，結果としてサポートを通じて関係性が深まった金融機関との取引が深く，大きくなり，金融機関の収益力が安定的に増強されることにあります。まずは，地域の取引先が儲かるようになり，結果として金融機関が儲かるようになるということです。この順番を間違えてしまっては，長期安定的な金融機関の収益力強化は実現できません。
　事業性評価の重要性はわかるが，1社1社のことを考える時間がない，という現場の声も実際にあります。現場の法人営業担当者が1社1社のことを考える，対応する時間をどれだけ確保できるかが金融機関の経営にとっての重要経営課題であり，その時間の長さ自体が重要経営指標（KPI）であるとも考えられます。おもてなしで有名な温泉旅館では，顧客満足度を最重要視し，宿泊客の求めることを的確に把握するために，接客係の接客時間の長さをKPIと設定し，それをどう増やすかを最優先の経営課題として取り組んでいると聞いたことがあります。
　本書で説明した事業性評価を使った経営改善の枠組み，設計図を金融機関に当てはめて説明することもできます。まず，金融機関の事業戦略の大黒柱とな

る強み,利益の源泉は,「顧客市場」「商品・サービス」「経営機能」のいずれにあるでしょうか。「商品・サービス」は,特定の金融機関以外は大きな違いは出しにくいでしょう。「経営機能」については,優秀な人材が経営資源となっていますが,これも組織として違いを明確にすることは難しいと思います。特に地方銀行の場合には,地域の「顧客」との結びつきが利益の源泉であり,強みであると思います。したがって,事業構造で強化すべき最優先は「顧客市場」であると考えています。

いわゆる取引先が儲かるようになるというのは,金融機関にとって顧客構造の高収益構造化を意味します。そして,取引先の経営課題解決のために必要とされる金融サービスを,価格（金利）競争を避けて提供することにより,商品構造の高収益構造化が実現されます。上記のために,金融機関の経営機能,営業のしくみとして,事業性評価を通じた営業活動の実践への転換,その余力を生み出すための業務やサービスのあり方の変革が求められます。この結果,金融機関の事業構造の高収益構造化が実現されることになります。財務構造面でも,顧客から選ばれる点数である売上収益が増加し,必要とされることで過剰な金利競争から抜け出し,顧客から必要とされる点数である利益率も改善されます。固定費の面でも,プロダクトアウトによる非効率で無駄な営業活動が削減されます。また,顧客の役に立つことを現場の法人営業担当者が実感でき,やりがいを感じ,従業員満足度が上昇し,ますます充実したサービス提供が可能となります。離職率なども低下し,採用コスト,教育コストを削減することも可能になるとも考えられます。そして新卒採用でも優秀な人材の応募が増えるでしょう。

法人営業担当者は,多くの担当先の経営者と企業秘密である決算書も見たうえで,直接に経営者と経営の話のできる立場にあります。それは,事業性評価シートを使いながら経営コンサルティング能力を高めるという視点からは最高の経験を多くできるベストな環境にあるといえます。1社にかけられる時間的な制約はありますが,各担当者もそのような意識を持つことで多くの経営に関する知見を得て,取引先の経営を支援するという社会的に意義の高い仕事がで

きます。
　この事業性評価への取り組みを金融機関の経営戦略の柱のひとつとして，じっくりと，確実に進めていただきたいと真に願います。

著　者

《参考文献》
- 正垣泰彦（サイゼリヤ創業者）『おいしいから売れるのではない　売れているのがおいしい料理だ』（日経BP社）
- 山口芳生『サイゼリヤ革命』（柴田書店）
- ㈱サイゼリヤ　ホームページ，有価証券報告書

■著者紹介

鍵谷　英二（かぎや　えいじ）
・公益財団法人　日本生産性本部　主席経営コンサルタント
・公認会計士

1965年	岐阜県生まれ
1988年	千葉大学法経学部　法学科卒業
1988年	太陽神戸銀行（現三井住友銀行）入行
1993年	青山監査法人（現PwCあらた有限責任監査法人）入所
1997年	公認会計士登録
1998年	「日本生産性本部　経営コンサルタント養成講座」を修了後，経営コンサルタントとして，中堅中小企業を主なクライアントとし企業の診断指導にあたり，現在に至る。

　　企業の社長の視点に立ち，自分が経営者だったらどうするかを常に考えている。
　　クライアントの現状をよく聞き，分析し，企業実態に合った優先順位の高い経営課題の抽出，具体的な改善策の立案と実行により成果を追求する。
　　財務的な問題点を入口に，業績改善に直結する改善策立案，マーケティング戦略，戦略実践指導，業績管理制度の設計・導入，人事制度設計・導入，目標管理制度の設計・導入，資金繰り指導，幹部社員教育など，それぞれのクライアントに合った業績向上のための総合的指導を行っている。

〇著書：『業績に直結する経営改善の進め方』（中央経済社）単著
　　　　『企業再生のための経営改善計画の立て方』（中央経済社）共著
　　　　『人事評価制度事例集』（政経研究所）共著
　　　　『業績直結型　評価制度実例集』（政経研究所）共著

〇連絡先：〒102-8643　東京都千代田区平河町2-13-12
　　　　　公益財団法人　日本生産性本部　コンサルティング部
　　　　　Tel：03-3511-4060　　　Fax：03-3511-4052
　　　　　E-mail：consul.info@jpc-net.jp
　　　　　E-mail：e.kagiya@jpc-consulting.jp
　　　　　HP：http://consul.jpc-net.jp/mc/

使える「シート」で競争優位に立つ
事業性評価の推進マニュアル

2018年11月1日　第1版第1刷発行	
2024年8月30日　第1版第5刷発行	

<table>
<tr><td>著　者</td><td>鍵　谷　英　二</td></tr>
<tr><td>発行者</td><td>山　本　　　継</td></tr>
<tr><td>発行所</td><td>㈱中央経済社</td></tr>
<tr><td>発売元</td><td>㈱中央経済グループ
パブリッシング</td></tr>
</table>

〒101-0051　東京都千代田区神田神保町1-35
電話　03 (3293) 3371 (編集代表)
　　　03 (3293) 3381 (営業代表)
https://www.chuokeizai.co.jp
印刷・製本／㈱デジタルパブリッシングサービス

© 2018
Printed in Japan

＊頁の「欠落」や「順序違い」などがありましたらお取り替えいたしますので発売元までご送付ください。(送料小社負担)
ISBN978-4-502-28511-0　C3034

JCOPY〈出版者著作権管理機構委託出版物〉本書を無断で複写複製 (コピー) することは、著作権法上の例外を除き、禁じられています。本書をコピーされる場合は事前に出版者著作権管理機構 (JCOPY) の許諾を受けてください。
JCOPY〈https://www.jcopy.or.jp　e メール：info@jcopy.or.jp〉

一般社団法人　　　　　特定非営利活動法人
日本経営協会[監修]　経営能力開発センター[編]

経営学検定試験公式テキスト

経営学検定試験（呼称：マネジメント検定）とは，
経営に関する知識と能力を判定する唯一の全国レベルの検定試験です。

① 経営学の基本
（初級受験用）

② マネジメント
（中級受験用）

③ 人的資源管理/
経営法務
（中級受験用）

④ マーケティング/
IT経営
（中級受験用）

⑤ 経営財務
（中級受験用）

中央経済社